Hermann Ignaz Bidermann

Über den Merkantilismus

Hermann Ignaz Bidermann

Über den Merkantilismus

ISBN/EAN: 9783744610735

Hergestellt in Europa, USA, Kanada, Australien, Japan

Cover: Foto ©ninafisch / pixelio.de

Weitere Bücher finden Sie auf **www.hansebooks.com**

ÜBER DEN

MERKANTILISMUS.

VORTRAG

GEHALTEN BEI VERÖFFENTLICHUNG DER PREISAUFGABEN FÜR 1869/70

AN DER

K. K. UNIVERSITÄT ZU INNSBRUCK

VON

DEREN GEGENWÄRTIGEM RECTOR

H. J. BIDERMANN,

O. Ö. PROFESSOR DER POLITISCHEN ÖKONOMIE UND STATISTIK.

MIT ZUSÄTZEN UND ANMERKUNGEN DES VERFASSERS.

————

INNSBRUCK.

DRUCK UND VERLAG DER WAGNER'SCHEN UNIVERSITÄTS-BUCHHANDLUNG

1870.

In der Rede, womit ich die Wieder-Eröffnung einer medizinischen Fakultät an unserer Hochschule zu inauguriren die Ehre hatte, hob ich hervor, dass bei Gründung dieser Universität der s. g. Merkantilismus von massgebendem Einflusse gewesen.

Schon der hiemit angedeutete Zusammenhang legte es mir nahe, heute, wo ich als Rektor zum zweiten Male die akademische Rednerbühne besteige, den M e r k a n t i l i s m u s d. h. die Anschauung, dass der Wohlstand eines Landes sich nach der Grösse des darin festgehaltenen Baargeld-Vorrathes richte, — zum Gegenstande einer eingehenden Untersuchung zu machen.

Es bestimmt mich aber hiezu auch der weitere Umstand, dass ich bereits vor 16 Jahren einen vom Literarhistoriker K a u t z in seiner „Geschichtlichen Entwickelung der National-Oekonomie und ihrer Literatur", (S. 43) erwähnten Versuch, diesen Gegenstand zu behandeln, machte und denselben seither unablässig im Auge behielt, folglich hoffen darf, die nöthige Vertrautheit damit einigermassen zu besitzen.

Ein dritter Beweggrund, gerade dieses Thema zu wählen, ist für mich dessen vorzugsweise Eignung zu einer akademischen Rede, welche, ohne der Zeitströmung ganz auszuweichen, mehr auf dem dogmengeschichtlichen Gebiete sich zu bewegen und Gemeinplätze, wie sie bei volkswirthschaftlichen Betrachtungen nur zu leicht Platz greifen, zu vermeiden hat.

Ich erörtere zunächst den B e g r i f f des Merkantilismus. Ein geschichtlicher Rückblick ist da unerlässlich.

Bald werden es hundert Jahre sein, dass Adam Smith seine „Untersuchungen über die Quellen des Volkswohlstandes" veröffentlicht und dadurch zu der Verbreitung des Wortes „Merkantilismus", was soviel wie Handelssystem besagt, Anlass gegeben

1*

hat, indem er dasselbe zur Bezeichnung gewisser volkswirthschaft-
licher Lehren gebrauchte. Jenes, in englischer Sprache verfasste
Werk fand nämlich solchen Beifall, dass es binnen kurzer Zeit in
die übrigen Hauptsprachen der Welt übersetzt und als ein jedem
Volkswirthe unentbehrlicher Bildungsbehelf betrachtet ward [1]). Mit
ihm machte das fragliche Wort sozusagen die Runde durch die
Welt. Es blieb auch im Gedächtnisse Vieler haften; zumal Smith's
Anhänger und Nachbeter die Terminologie ihres Meisters immer
von Neuem anwendeten und so die Erinnerung daran wach er-
hielten.

Was Adam Smith unter „Merkantilismus" verstand, hat er
im vierten Buche jenes Werkes deutlich ausgesprochen. Nach
ihm [2]) ist ein Merkantilist derjenige Volkswirth, welcher ein Land
dadurch, dass Gold und Silber daselbst aufgehäuft werden, bereichert
wähnt, indem er von der vulgären, privatwirthschaftlichen Ansicht
ausgeht: Geld zu erlangen sei immer die Hauptsache, da, wenn
man einmal dieses besitzt, alles Andere, was man braucht, darum
leicht zu bekommen ist. Als die den Merkantilisten genehmsten
Mittel zur Erreichung des vorerwähnten Zweckes bezeichnet er
Geldausfuhr- und Waareneinfuhr-Verbote, mindestens denjenigen
Ländern gegenüber, an die man sonst durch den Handel bares
Geld verlöre; dann Ermunterung zur Waarenausfuhr mittelst Prä-
mien, durch Rückzölle, durch günstige Handelsverträge mit fremden
Staaten und durch Anlegung von Kolonien. Das seien — meint
Smith — die sechs Hauptanstalten, durch welche der Merkantilismus
eine vortheilhafte Handelsbilanz künstlich herbeizuführen trachtet.
Zeuge dessen seien die älteren Gesetzgebungen mehrerer Staaten
und die Schriften verschiedener englischer Autoren, insbesondere
das Buch des Thomas Mun über Englands auswärtigen Handel.

Uebrigens anerkennt Smith, dass selbst diejenigen seiner
Landsleute, welche zu dem Schlusse gelangten: der Gewerbefleiss
und der Handel eines Landes hätten keine wichtigere Aufgabe,
als die, edle Metalle herbeizuschaffen, — mitunter den Volks-
reichthum ganz richtig definirten, indem sie auch Län-
dereien, Häuser und Verbrauchsgegenstände aller Art dazu rech-
neten. Er verhehlt auch nicht, sondern beruft sich vielmehr aus-
drücklich darauf, dass Mun Geldausfuhrverbote durch das Gleichniss vom Landmanne, der Getreide säet, um es späterhin von der

Erde reichlich zurückerstattet zu erhalten, bekämpft und den Werth-
überschuss, den die für baares Geld eingeführten Waaren oft dar-
böten, geltend gemacht habe.

Smith ist also weit davon entfernt, den Merkantilismus mit
den Vorschlägen der Schriftsteller, die er damit in Verbindung
bringt, zu identifiziren. Er entlehnt Letzteren nur die bezügliche
Grundanschauung: dass nämlich die Vermehrung des baaren Geldes,
somit auch selbstverständlich die Verhinderung einer Abnahme des
Geldvorrathes viel zum Gedeihen der Volkswirthschaft beitrage,
ja dass der Wohlstand eines Volkes geradezu hiedurch bedingt sei.

Smith behauptet auch keineswegs, dass der Merkantilismus
ein förmliches Lehrgebäude darstelle, noch weist er ihm einen bestimmten Zeitabschnitt als Geltungsbereich zu, noch wendet er die
von ihm gegebene Begriffsbestimmung als Eintheilungsgrund auf die
Geschichte der volkswirthschaftlichen Literatur an.

Wenn dies späterhin geschah, so wurden damit die Grenzen
der Smith'schen Aufstellung überschritten und Dinge herangezogen,
welche damit nichts zu thun hatten.

Der Versuchung hiezu widerstanden in Deutschland wie in
Frankreich unter den Schriftstellern, welche auf der von Smith
dargebotenen Grundlage fortbauten, nur Wenige.

Am gewissenhaftesten zeigte sich in dieser Beziehung der
Heidelberger Professor Karl Heinrich Rau, welcher bei Schilderung dessen, was man unter Merkantilismus oder, wie er sich
ausdrückt, unter dem Handelssysteme, zu verstehen habe, sich
noch ziemlich strenge an Adam Smith hielt.

Er sagt [3]: „Das Handelssystem ging von dem Schlusse aus,
dass wie der einzelne Bürger sich durch Geldgewinn bereichert, so
auch in einem ganzen Volke die Vermehrung des Metallgeldes das
beste Mittel zur Erhöhung des Wohlstandes sei. Von dieser Ueberschätzung des Metallgeldes vermochte man sich nicht loszureissen,
ob man gleich auch nicht verkennen konnte, dass dasselbe für sich
gar kein menschliches Bedürfniss befriedige. Für Länder, die nicht
aus eigenen Bergwerken Gold und Silber erhalten können, bot sich
kein anderes dauerndes Mittel zur Vermehrung dieser Stoffe im
Lande dar, als sie im Handel vom Auslande herbeizuziehen. Zu
diesem Zwecke sollen viele im Lande erzeugte Waaren hinausge-
führt, aber nur wenige fremde hereingebracht werden, und man

nahm an, dass dann der ganze Ueberschuss der Ausfuhr über die
Einfuhr vom Auslande in Geld bezahlt werden müsse. Der Unterschied zwischen der Grösse der Aus- und Einfuhr wurde Handelsbilanz (balance du commerce) genannt und dann als günstig an-
gesehen, wenn die Ausfuhr grösser war als die Einfuhr. Dagegen
hielt man das Hinausgehen von Münze oder Münzmetall für ge-
meinschädlich. Die statistische Erforschung der Handelsbilanz jedes
Staates ward zu einer wichtigen Aufgabe, der innere Handel aber,
da er keine Vermehrung der Geldmenge bewirkte, erschien als
gleichgültig oder doch unbedeutend".

Diese Schilderung ist, wie gesagt, fast Satz um Satz den
Smith'schen Untersuchungen entnommen, nur mit dem Unterschiede,
dass Rau einzelne Sätze schon etwas allgemeiner fasst und dar-
unter dann auch schriftstellerische Darlegungen subsumirt, von
welchen Adam Smith allem Anscheine nach keine Kenntniss hatte.

Nachdem Rau eine kurze Uebersicht der merkantilistischen
Therapie, abermals im engsten Anschlusse an A. Smith, gegeben,
führt er fort [1]:

„Das Handelssystem lässt schon darin die Kindheit der
Wissenschaft erkennen, dass seine Lehren nicht in methodischen
Zusammenhang gebracht, nicht auf tiefere Forschung gegründet,
sondern nur oberflächlich aufgefasst wurden. Man trifft die einzelnen diesem Systeme angehörenden Sätze schon bei Schriftstellern
des 16. Jahrhunderts, noch häufiger im 17. und in der ersten
Hälfte des 18. Jahrhunderts. Unter den italienischen Schriftstellern,
die vom 16. Jahrhundert an einzelne Abschnitte der politischen
Oeckonomie mit Scharfsinn bearbeiteten, sind mehrere dem Handelssysteme ganz ergeben, einige wenigstens einigermassen von demselben befangen. Indess findet sich keineswegs eine vollständige
Uebereinstimmung in Ansehung der obigen Sätze; manche Schriftsteller neigten sich in Hauptpunkten z. B. in der Würdigung des
inneren Verkehres und der Bestimmung des Geldes, schon zu rich-
tigeren Vorstellungen und geben sich nur noch durch den allzu
hohen Werth, den sie auf die günstige Handelsbilanz legen, als
Anhänger des Handelsbilanz kund. Einzelne blickten tiefer in die
Bedingungen des Wohlstandes der Völker, dachten richtiger über
die Handelsbilanz und erkannten den Nutzen der Handelsfreiheit.
Im jetzigen Jahrhundert hat F. List sich eifrig bemüht, die grös-

sere volkswirthschaftliche Nützlichkeit des Fabrikswesens im Vergleich mit dem Landbau und in Folge hievon die Nothwendigkeit von Zollschutzmassregeln darzuthun. Er stimmt also hierin mit dem älteren Handelssystem überein, ohne die durch spätere Untersuchungen unhaltbar gewordene Lehre von der Handelsbilanz wieder aufzunehmen. In den Einrichtungen der meisten, besonders der grösseren Staaten hat sich der Zollschutz bis auf die Gegenwart erhalten, jedoch ist unter dem Einfluss der heutigen wissenschaftlichen Erkenntniss ein Streben der Regierungen nach Milderung und gänzlicher Beseitigung dieser Schutzmassregeln zu erkennen"

So Rau, dessen Lehrbuch der politischen Oekonomie fast ein Menschenalter hindurch in Deutschland das grösste Ansehen genossen, auch die ausländische Literatur merklich beeinflusst und den Ausgangspunkt selbständiger Forschungen gebildet hat. Gerade in der fraglichen Beziehung weicht auch die erste, schon im Jahre 1826 erschienene Auflage dieses Lehrbuchs wenig von der neuesten achten Auflage ab, nach welcher ich hier citire und deren einschlägiger Theil im Jahre 1868 ausgegeben wurde.

Rau nennt zwar den Merkantilismus ein System, doch meint er da offenbar kein in sich abgeschlossenes, kein eigentliches System, sondern blos eine Reihe von unter sich zusammenhängenden Gedanken theils theoretischer theils praktischer Natur, wie ja auch Adam Smith den Merkantilismus thatsächlich auffasst.

Davon, dass der Merkantilismus ein besonderes Entwicklungsstadium der gesammten Volkswirthsschaftslehre sei, dass deren Literaturgeschichte durch ihn in drei Perioden geschieden werde, dass in ihm die alte Fabel vom Golddurste des Königs Midas Realität gewonnen habe und was dergleichen Behauptungen mehr sind: von dem Allen ist auch in Rau's Lehrbuche nichts zu finden.

Dennoch haben die daraus citirten Stellen zu den sonderbarsten Missdeutungen und Uebertreibungen in jeder der oben angedeuteten Richtungen Anlass gegeben.

Französische Schriftsteller geriethen auf die nämlichen Abwege; nur mit dem Unterschiede, dass unter ihnen hauptsächlich Ganilh's Autorität diese Irrthümer verschuldete [5]).

Die einschlägigen Begriffe wurden demzufolge immer verworrener, die mit dem Worte „Merkantilist" verbundenen Vorstellnngen immer schwankender, die daran geknüpften Betrachtungen immer weniger brauchbar.

Kaum, dass man in dem so entstandenen Zerrbilde den von Adam Smith geschilderten, an sich schon nicht ganz naturgetreuen, Merkantilismus und das von Rau nachgezeichnete Abbild noch zur Noth erkannte. Die meiste Aehnlichkeit mit Letzterem hat, was Kudler in seinen „Grundlehren der Volkswirthschaft" (Wien, 1846) I. 9) mit folgenden Worten sagt: „Das erste System, in welchem die Wissenschaft sich entwickelte, wird mit dem Namen des Merkantil- oder kaufmännischen Systems belegt. Es war wohl natürlich, dass man sich beim Beginne der volkswirthschaftlichen Forschungen an gewisse äussere, in die Augen fallende Erscheinungen hielt, und die daraus gezogenen Schlüsse als Erfahrungssätze ansah. Wendete man den Blick auf Einzelne, die im Wege der Industrie Reichthümer zusammenbrachten, so zeigte sich als Symtom ihres Reichthums ein grosser Besitz an Geld und als das Mittel, dazu zu gelangen, der Betrieb eines ausgedehnten Handels. Erwog man, wie Völker reich wurden, so wurde man gewahr, dass dieses bei den italienischen Republiken durch ihren grossen Levante-Handel, bei den Gliedern des Hansee-Bundes durch ihren weit verzweigten Handel insbesondere mit den nördlichen Ländern von Europa, bei den Holländern gleichfalls durch ihren ausgebreiteten Handel der Fall war. Ueberall nahm man als ein Zeichen des Reichthums das Zuströmen vielen Geldes wahr. Man zog daraus die Schlüsse: um reich zu sein, müsse man viel Geld haben, um dieses zu erhalten, müsse man Handel treiben, und zwar äusseren Handel, indem durch diesen das Geld ins Land komme. Von den übrigen Zweigen der Volksbeschäftigung schätzte man die Manufacturindustrie, da sie die Gegenstände zum Ausfuhrhandel liefern muss; die Landwirthschaft und sonstige Abtheilungen der Stoffgewinnung liess man in den Hintergrund treten".

Dagegen heisst es z. B. bei Max Wirth „Grundzüge der National-Oekonomie" (Köln, 1856) I. Bd. S. 93:

„Das Merkantil-System, dem Wortlaute nach Handels-System, dem Inhalte nach aber besser Sperr-System genannt, verdankt seinen Ursprung der Vorstellung, dass das Vermögen eigentlich in Geld, in Gold und Silber bestehe. Die nach dem Augenschein urtheilende Menge sah, dass für Geld zu jeder Zeit Alles zu haben war, dass es nur unmerklichen Preisschwankungen und zugleich dem Verderben weniger ausgesetzt ist, als jede andere Waare. So nistete sich denn die Meinung ein, dass alle übrigen Güter nur Genüsse (!) seien, welche man sich vermittels des Geldes verschaffe. Alle Massregeln der Staats-Oekonomie wurden also dahin gerichtet, das Geld zu vermehren, ohne Rücksicht darauf, ob dadurch die Production selbst erschwert oder erleichtert wurde". Wirth lässt das Merkantilsystem durch Kaiser Karl V., den „bösen Dämon Deutschland's wie Europa's", wie er ihn nennt, erfunden werden und reproduzirt damit nur die Ansicht Adolf Blanqui's des Aelteren, welcher mittelst seiner französisch geschriebenen „Geschichte der politischen Oekonomie in Europa" diese Fabel in Umlauf gebracht und das System „die Anmassung, immer zu verkaufen, ohne je zu kaufen" genannt hat [6]).

Indem man nun diese entartete Anschauung auf die Schriften übertrug, welche Rau in den Anmerkungen zur zweitcitirten Stelle seines Lehrbuchs als merkantilistische Kundgebungen verzeichnet hat, entfernte man sich immer weiter von der Wahrheit. Die bezüglichen Urtheile gingen dergestalt aus einander, dass z. B. der Schottländer Law, in dessen Bestrebungen der Breslauer Professor Johann Schön [7]) die „reinste Fulguration des Merkantilsystems" erblickt, von Roscher in seinem 1843 erschienenen „Grundriss zu Vorlesungen über die Staatswirthschaft" (S. 146) den frühesten Gegnern des Merkantilismus beigezählt und der Franzose Bodin, der in den meisten Verzeichnissen der volkswirthschaftlichen Literatur, namentlich bei Steinlein [8]), Strelin [9]) und Rau [10]) den Reigen der Merkantilisten eröffnet, von Bruno Hildebrand in seiner „Nationalökonomie der Gegenwart und Zukunft" (S. 10), derjenige Schriftsteller, „den man am Wenigsten als Vertreter dieses staatswirthschaftlichen Systems ansehen kann", genannt wird.

Hildebrand behauptet auch (ebenda), dass die Italiener Scaruffi und Davanzati mit Unrecht zu den Merkantilisten gerechnet werden, da ihre Schriften „bloss Vorschläge zur Verbesserung des Münzwesens enthalten", während die allgemeine Annahme für's Gegentheil sich ausspricht.

Die gleiche Erklärung gibt Bianchini in seiner „Scienza del ben vivere sociale" bezüglich des insgemein für einen Merkan-

tilisten gehaltenen Schriftstellers S e r r a ab, welcher zu Anfang des
17. Jahrhunderts eine Abhandlung über die Mittel, einem Lande
Ueberfluss an Gold und Silber zu sichern, schrieb.

Wo solche Widersprüche auftauchen, muss es entweder an
den Kriterien fehlen oder es muss nicht mit der gehörigen Vor-
sicht zu Werke gegangen werden.

In den vorliegenden Fällen trifft Beides zu. Und dass es
so gekommen, ist, wie gesagt, nicht zum kleinsten Theile die
Schuld des sonst um die Volkswirthschaft und ihre Lehre hochver-
dienten Professors R a u. Denn seine Darstellung des Merkantilismus
entbehrt der zur Vermeidung von Missverständnissen nöthigen Schärfe
und die von ihm gruppirten Literaturproben sind ohne sorgfältige
Auswahl, ohne eingehende Prüfung ihres Inhaltes zusammengestellt.
Es gilt dies mitunter selbst noch von der neuesten Auflage seines
Lehrbuchs. In der Vorrede zur ersten Auflage hat er selber ein-
gestanden, „der Vollständigkeit willen einige Bücher genannt zu
haben, die er noch nicht gesehen habe". Bei der sonst von ihm
an den Tag gelegten Belesenheit ist anzunehmen, dass dieses ge-
wissenhafte Geständniss sich namentlich auf die fraglichen Literatur-
Nachweise bezieht, für deren Verlässlichkeit er nicht vorbehaltslos
gut stehen mochte. Viele Leser jenes Buches haben dies jedoch
übersehen und sonach, von dem Bestreben geleitet, durch Original-
studien in das Wesen des Merkantilismus tiefer einzudringen,
Schriften zu Rathe gezogen, welche ihnen ganz andere Begriffe davon beibrachten, als Rau. Derlei Leser wurden dann begreiflicher
Weise an des Letzteren Behauptungen irre, glaubten diese nach
ihrem eigenen Ermessen berichtigen zu sollen und verfielen dabei
in noch grössere Irrthümer, indem sie aus dem Inhalte der einen
oder anderen pseudo-merkantilistischen Schrift sich ein Urtheil über
den Merkantilismus überhaupt bildeten oder, ein ander Mal wieder
aus echter Quelle schöpfend, Nebensächliches mit charakteristischen
Zügen verwechselten

Hiezu lud insbesondere der Umstand ein, dass Rau, allerdings
auch hierin Smith nachahmend, durch seine literargeschichtlichen
Bemerkungen das Vorurtheil weckte und gross zog, als ständen
die Lehren der Merkantilisten, die der Physiokraten und die des
Smith'schen Industriesystems durchweg zu einander in einem schroffen
Gegensatze. Man legte sich dem gemäss die Sache so zurecht,

dass man in jedem dieser drei angeblichen Systeme eine andere Grundansicht über die vornehmste Quelle des Volkswohlstandes durchgeführt erblickte. Der Zeitfolge nach liess man zuerst den Handel und zwar den gelderwerbenden, auswärtigen Handel, demnächst die Landwirthschaft und hierauf die gewerbliche Thätigkeit (oder vielmehr die freie menschliche Arbeit im Allgemeinen) als vornehmste Quelle des Volkswohlstandes verehrt werden. Die physiokratische Schule deutete man als natürliche Reaktion gegen die merkantilistische und die des Adam Smith als einseitige Correctur der beiden vorhergehenden. Ist ja doch auch in Rau's Lehrbuch (Volkswirthschaftslehre, § 38) wörtlich zu lesen: das physiokratische Lehrgebäude sei durch seine speculative Form wie durch seine Hauptgedanken dem Handelssysteme gerade entgegengesetzt!

Wie falsch diese Behauptung ist, erhellt aus der Anerkennung, womit sogenannte Merkantilisten, und zwar scharf ausgeprägte, der Landwirthschaft als einer Hauptquelle des Volkswohlstandes gedenken.

Rau hebt es als eine besondere Merkwürdigkeit hervor, dass der Spanier Diego Saavedra Faxardo um die Mitte des 17. Jahrhunderts den Satz schrieb: „Potissimae divitiae ac opes terrae fructus sunt, nec ditiores in regnis fodinae, quam agricultura“. Hätte aber die Gründlichkeit seiner sonstigen Forschungen ihm gestattet, in den von ihm als merkantilistisch hingestellten Schriften sich besser umzusehen, so würde er gefunden haben, dass diese Aeusserung in der Zeit, welcher sie angehört, keineswegs vereinzelt dasteht. Er würde ihr oder doch verwandten Aussprüchen nicht blos bei den von ihm mit Saavedra in eine Reihe gestellten Schriftstellern, welche er den Merkantilisten beizuzählen Anstand nimmt, sondern auch bei anderen spanischen Schriftstellern des 17. Jahrhunderts, dann bei Botero, Jean Bodin, Olbrecht, Klock, Becher, Schröder, Hörnickh, Dutôt, Bandini, Galiani u. A. begegnet sein [11].

Botero nennt den Landbau „il fondamento della propagazione“ und setzt bei: „deve il Principe favorire e promovere l'agricoltura“ [12]. Bodin beklagt den Zinswucher vornehmlich der Landwirthe wegen und beantragt in deren Interesse eine gute Einrichtung des Hypothekenwesens [13]. Olbrecht apostrophirt die Landwirthschaft als „aliarum rerum parentem et nutricem“ [14]. Klock feiert den Beruf des Bauers mit den Worten: „Suo labore

omnes alit vir rusticus" [15]). Becher schildert den Bauer als den
Wohlthäter (Freund) des Adels und Bürgerstandes und seinen
Beruf als den wichtigsten im Staate [16]). Schröder stellt bei
Aufzählung der Quellen des Nationalreichthumes die natürliche
Fruchtbarkeit des Landes obenan [17]). Hörnickh thut desgleichen
und hebt die Vorzüge der Agriculturländer im Vergleiche mit In-
dustriegegenden hervor [18]).

Diese der Landwirthschaft dargebrachten Huldigungen erinnern
an das Ovid'sche „Cereris sunt omnia munus", welchen Vers die
Physiokraten zu ihrem Wahlspruche zu erheben berechtiget gewesen
wären.

In diesem Punkte also waltet zwischen Letzteren und den
s. g. Merkantilisten kein solcher Unterschied, dass man sie als
Gegner aufzufassen Ursache hätte. Gleichwohl widersprechen sich
in Bezug hierauf auch neuere Kritiker dergestalt, dass z. B. Ju-
lius Kautz in seiner „Geschichtlichen Entwickelung der National-
Oekonomie" S. 252 behauptet: die Merkantilisten geständen dem
Ackerbau keinen Anspruch auf specielle Beachtung und Begünstigung
zu; Adolf Held dagegen in seiner Schrift „Carey's Socialwissen-
schaft und das Merkantilsystem" (Würzburg 1866) S. 165 der
Wahrheit gemäss läugnet, dass Bevorzugung des Handels und der
Gewerbe vor dem Ackerbau ein charakteristisches Merkmal des
Merkantil-Systems ist, ja rundweg erklärt: „Berücksichtigung des
Ackerbaues in erster Linie sei kein absoluter Gegensatz hiezu".

Aehnlich verhält es sich mit der den Merkantilisten zur Last
gelegten „midasartigen" Ueberschätzung des Geldes und mit einer
Reihe anderer Lehren, die man aus ihren Schriften herauslas, ohne
dass sie je daran gedacht hätten.

Der Erste, welcher sie gegen jene Zusammenstellung mit
dem Könige Midas in Schutz nahm, war Friedrich List, der
wackere Anwalt deutschen Gewerbfleisses, dessen Gebeine in tirolischer Erde ruhen.

In seinem Werke über den „internationalen Handel" (Stuttgart 1842) bemerkt er S. 468 über den Merkantilismus: „Die
folgenden Schulen hätten diesem Systeme fälschlich vorgeworfen,
dass es die edlen Metalle allein als Gegenstände des Reichthums
betrachte".

Noch deutlicher und derber hat sich Lafaurie in seiner

„Geschichte des Handels" (Stuttgart 1848) ausgesprochen. „In einer solchen Einseitigkeit und Absurdität" — heisst es hier S. 166 — „wie unsere National-Oekonomen sich das Merkantilsystem gewöhnlich träumen lassen, hat dieses in der praktischen Handelswelt und bei praktischen Staatsmännern niemals existirt. Es ist leicht, eine Meinung zu bekämpfen, wenn man sie vorher selbst erfunden und so einfältig wie möglich dargestellt hat". . . . . „Die Gegner des Merkantilsystems" — fährt Lafaurie fort — „thun gewöhnlich, als käme es in allem Ernste darauf an, die Meinung zu bekämpfen, dass Reichthum nur in Gold und Silber oder in der Menge des circulirenden Geldes bestände. Diess hat wohl schwerlich Jemand in der abstracten Weise, wie die National-Oekonomen die Sache bisweilen darstellen, geglaubt."

Rücksichtlich einzelner Schriftsteller haben — wie ich oben bereits andeutete — Bianchini und Bruno Hildebrand die specielle Vertheidigung gegen jenen Vorwurf auf sich genommen, dabei jedoch übersehen, dass derselbe auch die übrigen Merkantilisten nicht mit geringerem Unrechte trifft. Sie kamen zu dem Schlusse: ihre Klienten seien keine Merkantilisten, womit sie bei dem eben bemerkten Umstande den herkömmlichen Begriff des Merkantilismus überhaupt in Frage stellten.

Dies bezüglich einer Anzahl englischer Schriftsteller mit grossem Scharfsinne und imponirender Gelehrsamkeit gethan zu haben, ist Wilhelm Roscher's Verdienst.

In seinen Beiträgen „Zur Geschichte der englischen Volkswirthschaftslehre" (Leipzig 1851) urtheilt derselbe — S. 122 — wie folgt: „Unsere weitverbreitete Gewohnheit, die ganze Entwickelungs-Periode der Volkswirthschaftslehre, welche den Physiokraten voraufgeht, mit dem Namen des Merkantilsystems zu bezeichnen, ist allerwenigstens eine sehr ungenügende. Das bekannte Bild, welches die Lehrbüchertradition von einem Merkantilisten zu entwerfen pflegt, passt immerhin auf manche unbedeutendere Schriftsteller des 17. und 18. Jahrhunderts; aber die bedeutendsten werden keineswegs dadurch getroffen. In einigen Punkten stimmen sie wohl damit überein; in anderen, ebenso wichtigen, sind sie völlig davon abweichend. So verschiedenartige Männer, wie Mun, Child, Davenant, mit dem einen Worte „Merkantilist" zu charakterisieren, geht eben so wenig an, als wenn ein katholischer Kirchenhistoriker alle protestantischen Theologen, von Hengstenberg bis auf Strauss, mit dem einen Worte „Akatholiken" oder „Häretiker" hinlänglich meinte bezeichnet zu haben. Kurz, die gewöhnliche Eintheilung der national-ökonomischen Literatur in Merkantilismus, Phisiokratie und Industriesystem ist zwar bequem genug, in der Wirklichkeit aber ohne hinreichenden Grund. Allermindestens werden sich unsere Lehrbücher dazu bequemen müssen, die Literatur des 16. und 17. Jahrhunderts in zwei verschiedenen Abschnitten zu behandeln. Der eine, den Continent betreffende, mag dann immer noch den Titel „Merkantilsystem" führen; der andere muss überschrieben werden: „ältere englische Schule".

Dieser Vorschlag Roscher's ward nun zwar bisher wenig beachtet; doch ist es seitdem Brauch geworden, in literargeschichtlichen Abhandlungen von der Thatsache, dass nicht alle nationalökonomischen Theoretiker vor Adam Smith entweder Merkantilisten im gewöhnlichen Sinne des Wortes oder Physiokraten waren, wenigstens Notiz zu nehmen.

Julius Kautz, welcher den „abseits stehenden Denkern" eine eingehende Betrachtung widmet, gibt (a. a. O. S. 244) selbst zu, dass „es nur den offenkundig vor uns liegenden Thatsachen die Anerkennung versagen hiesse, wollte man die Behauptung aufstellen, dass die Volkswirthschafts-Theoretiker der s. g. mercantilistischen Herrschaftsperiode alle oder auch nur einen grossen Theil der im Leben und in der Praxis (damals) herrschend gewesenen Ansichten und Grundsätze unbedingt adoptirt und die (wie er meint) grossen Irrthümer, auf denen dieses System auferbaut ward, anerkannt und gebilliget hätten".

Adolf Held aber bemerkt (a. a. O. S. 3): „Die Abgrenzung der drei Schulen der Merkantilisten, Physiokraten und Anhänger des Industriesystems hat in soferne ihre Berechtigung, als dadurch die stärksten Umwälzungen in den herrschenden Grundanschauungen der Wissenschaft angedeutet werden. Dagegen ist es falsch, wenn man für jedes der drei Systeme ein ganz bestimmtes Programm in Gestalt einer Anzahl genau formulirter Lehrsätze aufstellt, in der Meinung, dass sich diese Sätze bei allen Schriftstellern, die zu dem betreffenden Systeme gerechnet werden, oder gar bei Allen, die in einer bestimmten Zeit geschrieben haben, wiederfinden müssten".

Der herkömmlichen Anschauung tritt Held ausserdem mit der Erklärung entgegen: dass, wenn schon bei den Merkantilisten das Geld eine besonders hervorragende Rolle spiele, doch dessen Ueberschätzung nicht sowohl ein ihnen eigenthümlicher, selbständiger Grundgedanke, als vielmehr nur die Konsequenz anderer einseitiger Lehren sei, dass insbesondere bei den neueren Merkantilisten keine Spur kritikloser Geldgier angetroffen werde und dass selbst die ihnen imputirte Lehre von der Handelsbilanz der Ausdruck wechselnder, der Wahrheit immer näher kommender Gedankenrichtungen sei.

Nichtsdestoweniger zögert Held, von der herkömmlichen Anschauung sich gänzlich loszusagen und behilft sich derselben gegenüber mit sonderbaren Subtilitäten, indem er bald von einem „reinen“, bald von einem „rohen, ganz unmodificirten“, dann wieder von einem „halben“, „feineren“ und „aufgeklärteren“ Merkantilismus spricht, ja selbst einen „Anti- und Hypermerkantilismus“ zur Vergleichung heranzieht, um der Buntheit der Erscheinungen in seiner Weise gerecht zu werden.

Dass er sich da in mancherlei Widersprüche verwickelt, kann nicht Wunder nehmen. Aber er ist unbefangen genug, aus den Schriften des Hamburgers Büsch zu folgern, dass es keine contradictio in adjecto ist, von einem „merkantilistisch gesinnten Freunde der Verkehrs-Freiheit“ zu reden, so wie er die richtige Bemerkung macht, dass die Merkantilisten, weit entfernt der Ueberschätzung des Geldes Vorschub zu leisten, eigentlich „an die falsche Idee vom Gelde die Axt legten“, indem sie dessen selbständigen Werth läugneten. In der That vergeistigten die Merkantilisten (mit Endemann [19]) zu reden) die sinnlich rohen Begriffe der mittelalterlichen Kulturperiode.

Held fasst die Ergebnisse seiner diesfälligen Studien am Schlusse des davon handelnden Abschnitts seiner oben citirten Schrift (S. 80) in folgende Worte zusammen: „Die Ueberschätzung des Geldes, die gewöhnlich als das Hauptcharakteristikum des Systems bezeichnet wird, kann als solches nicht gelten, wenn wir sie auch bei vielen Merkantilisten in verschiedenem Grade noch vorfinden; vielmehr war der ganze Merkantilismus ein fortgesetzter Kampf gegen die seit den Zeiten Carl's V. in Spanien geltend gewordene, verderbliche Ansicht, dass das Geld die alleinige Quelle

des Reichthumes sei. die man dem Lande mit mechanischen Ge-
waltmassregeln erhalten könne. Dieser rohen Auffassung gegenüber
entwickelte der aufgeklärte volksfreundliche Absolutismus ein im
Einzelnen verschieden ausgebildetes System von mehr complicirten
und indirekten Maassregeln, um dem Wirken der natürlichen
Verkehrsgesetze zu Hülfe zu kommen und die eigene
Nation nicht nur überhaupt reich und glücklich, sondern namentlich, dem rivalisirenden Ehrgeiz der damaligen Höfe entspre-
chend, auch reicher und mächtiger, als alle anderen Staaten zu
machen. Dies ist der in allen Variationen durchgehende Grund-
zug, welcher die gewöhnlich unter dem Namen Merkantilisten zu-
sammengefassten Schriftsteller von der Schule der Physiokraten
und dem Industrie-System unterscheidet".

Vor Held hat schon Kautz alle erdenklichen Wendungen
versucht, um des spröden Stoffes Herr zu werden, welcher in Gestalt der merkantilistischen Schriften sich ihm darbot. Mit seinem
Massstabe gemessen, erwies sich weder Bodin noch Botero, noch
Serra, noch Mun, noch Davenant als ein vollendeter, reiner Merkantilist.

Indessen auch Roscher hat sich bestimmt gefunden, den
Ausnahmen, die er auf dem Gebiete der englischen Literatur
wahrnahm, andere beizugesellen und diese dergestalt auszudehnen,
dass die traditionelle Regel darüber schier in die Brüche geht. So
sagt er in seiner Abhandlung über die „Oesterreichische National-
Oekonomik unter Kaiser Leopold I." [20]) von Becher; „Jener Verwechslung von Geld und Reichthum, welche man gewöhnlich dem
Merkantilsysteme zuschreibt, hat sich B. nicht schuldig gemacht".
Und über Hörnickh bemerkt er: „Man kann nicht sagen, dass
H. Geldbesitz und Reichthum für ganz identisch hielte" [21]). Schröder
ist in seinen Augen „strenger Merkantilist". Aber er gibt zu, dass
auch Sch. einer Vergötterung des Geldes, wie Midas sie übte, sich
abhold zeigt und mit seiner Banktheorie „die engen Schranken des
Merkantilsystems durchbricht" [22]).

Von dem letztgenannten Schriftsteller, welcher gleich dem
berühmteren Becher eine Zeit lang als Kammerrath in Oesterreich
bedienstet war [23]), hat übrigens Rau, bevor er zur Herausgabe
seines Lehrbuches schritt, in den 1821 erschienenen „Ansichten
der Volkswirthschaft" (S. 146) bereits gesagt: derselbe halte

Reichthum der edlen Metalle nicht für das einzig Wünschenswerthe". Dass dessenungeachtet Rau den Schröder seinem Merkantilisten-Verzeichnisse einverleibte, ist ein Beweis mehr für die Nothwendigkeit einer Revision dieses Verzeichnisses und der ihm zu Grunde liegenden Begriffe.

Neuestens hat auch Professor Glaser in den von ihm herausgegebenen „Jahrbüchern für Gesellschafts- und Staatswissenschaft" (Jahrg. 1869, XI. Bd. S. 318) sich verlauten lassen, wie folgt: „Der Schwerpunkt des Merkantilsystems liegt nicht in seiner national-ökonomischen und auch nicht in seiner administrativen, sondern in seiner socialen und politischen Bedeutung. Man begründete allerdings Gesellschafts- und Staats-Einrichtungen auf dem Grundsatze, dass Geld Reichthum sei. Aber nicht weil man etwa gemeint hätte, durch die blosse Anhäufung von Gold und Silber für sich könne ein Volk reich und glücklich gemacht werden. Man wusste dies so gut, als man heute es weis und im Alterthume der Erfinder der bekannten Erzählung (vom Könige Midas) es wusste". —

Doch ich habe lange genug von Dem gesprochen, was der Merkantilismus nicht ist. Es kommt mir zu, nunmehr auseinanderzusetzen, was er ist und was man von den Grundsätzen, die er wirklich in sich begreift, zu halten hat.

Zur Richtigstellung des fraglichen Wortsinnes bieten sich zwei Wege dar.

Entweder man subsumirt unter das Wort blos diejenigen Ansichten, zu deren Bezeichnung man sich seiner insgemein bedient. In diesem Falle hat man es mit lächerlichen Thorheiten zu thun, die eine wissenschaftliche Untersuchung kaum vertragen, geschweige verdienen.

Oder man fasst unter das Wort diejenigen Ideen und wissenschaftlichen Ahnungen zusammen, welche die den Merkantilisten beigezählten Schriftsteller, zur Mehrzahl wenigstens, wirklich mit einander gemein haben.

In diesem Falle drückt den wahren Sinn des Wortes ungefähr folgende Gedankenreihe aus:

Wohlstand herrscht bei einem Volke dann, wenn das Vermögen und der Bedarf seiner einzelnen Angehörigen jederzeit zu einander im richtigen Verhältnisse stehen, d. h. sich decken. Je allgemeiner dies zutrifft, desto entwickelter, desto verbreiteter ist der Wohlstand, desto wirksamer ist des Volkes Reichthum.

Jenes rechte Verhältniss setzt aber Zweierlei voraus:

1. dass das jeweilige Verbrauchs - Erforderniss überhaupt existirt;
2. dass dasselbe den darnach Verlangen Tragenden immer rechtzeitig zugänglich ist.

Die jeweilige Selbsterzeugung des Erfordernisses böte in dieser Hinsicht allerdings die meiste Sicherheit, ist aber vielen Consumenten geradezu unmöglich und für Andere mit Anstrengungen verbunden, welche sie lieber vermeiden, indem sie ihren Verhältnissen Zusagenderes hervorbringen und dieses thunlichst gegen das jeweilige Erforderniss austauschen. Ein solcher Tausch vollzieht sich selten direkt. Man bedarf dazu in der Regel des Geldes d. h. des allgemeinen Tauschwerkzeugs, so dass ohne dessen Dazwischenkunft entweder die Arbeitstheilung unterbleiben und trotzdem mancher Gegenstand des Verlangens entbehrt werden oder auf die Befriedigung vieler Bedürfnisse ganz verzichtet werden müsste. Es hälfe dann wenig, dass Andere einen Ueberfluss an Befriedigungsmitteln haben. Für den, der sie nicht kaufen kann, existiren sie dann eben nicht, ausser er erhielte sie geschenkt, worauf indessen — ganz abgesehen von der Unwürdigkeit, Unwirthschaftlichkeit und demoralisirenden Wirkung dieses Auswegs — nur in beschränktem Masse gerechnet werden kann. Freilich wäre auch Geldbesitz für sich allein unzureichend, um das Eingangs erwähnte Verhältniss herzustellen. Es gehört dazu das Vorhandensein der unmittelbar benöthigten Verbrauchsgegenstände und Bedingung des Vorhandenseins dieser ist deren Erzeugung, wenn nicht durch den betreffenden Consumenten, so doch durch Andere. Mag aber wer immer sich anschicken, dieselben zu erzeugen: ohne Geld wird ihm sein Vorhaben selten gelingen, weil dazu mancherlei Dinge gehören, welche chevor erkauft werden müssen. Ja selbst die Geneigtheit dazu ist, wie schon bemerkt wurde, insgemein bedingt durch die Aussicht, für das fertige Produkt Geld zu erhalten. Es hemmt also der concrete Geldmangel nicht nur die entsprechende

Vertheilung der Güter, sondern selbst deren Hervorbringung. Ihm ist es zuzuschreiben, dass Letztere oft überhaupt hinter dem Bedarfe zurückbleibt und dass, wo dies auch gerade nicht der Fall, doch die erzeugten Güter nicht an ihre eigentliche Bestimmung gelangen; folglich der Volkswohlstand nicht nach Wunsch sich entwickelt. Niemand leidet hierunter mehr, als die auf den Verdienst ihrer Hände angewiesene Klasse der Bevölkerung, weil für diese Mangel an Beschäftigung gewöhnlich schon gleichbedeutend ist mit Hunger und Elend.

Geld aber stellt sich keineswegs überall, wo man es braucht, aus freien Stücken ein, sondern muss, wenn es die ihm in der Volkswirthschaft zugefallene Doppelrolle eines Produktionsbehelfes und Verhikels der Vertheilung fertiger Güter zur Zufriedenheit eines ganzen Volkes spielen soll, nicht selten künstlich herbeigeschafft und in gewissen Bahnen des Umlaufs erhalten werden. Legt gleich der bezügliche Zwang einem Theile des Volkes Entbehrungen auf, so hebt sich doch dadurch der Volkswohlstand im Allgemeinen und mit ihm die Steuerkraft namentlich Derjenigen, auf die es der Staat beim Aufbringen seines Geldbedarfs am meisten abgesehen hat. Ja, es fragt sich, ob jene Entbehrungen nicht blos vorübergehende Opfer sind, die den scheinbar damit Heimgesuchten nachträglich zu Statten kommen, indem sie ihnen die Nachhaltigkeit verschiedener Genüsse verbürgen, welche sonst auf die Dauer mindestens unerreichbar wären. Dieselben liegen daher möglicher Weise ebenso im wohlverstandenen Interesse der scheinbar Verkürzten, als in dem der übrigen Volksklassen und in dem der Gesammtheit als solchen.

Sie Ersteren aufzuerlegen, darf die Staatsregierung um so weniger Bedenken tragen, als ihr die Disposition über das Geld, im Grunde genommen, auch dann zusteht, wenn dieses bereits ins Privateigenthum übergegangen ist. Denn das Geld verdankt seine Geltung vorzugsweise der öffentlichen Autorität, die dafür eintritt, und die daher wohl auch dessen Umlauf durch Vorschriften regeln mag. Verluste, welche die künstliche Herbeischaffung oder die erzwungene Verwendung von Geld Einzelnen zufügt, werden, wenn solche Massregeln gelingen, durch die volkswirthschaftliche Bedeutung der Erfolge reichlich aufgewogen. Welches immer der Tauschwerth des Geldstoffes im Privatverkehre sein mag; seine Brauchbarkeit

2*

als Nationalgut, das den Waaren-Umsatz vermittelt und die Kapitalien-Ansammlung befördert, überragt jenen Werth und ist der richtige Massstab für die jenen Verlustträgern etwa aus öffentlichen Mitteln zu leistende Entschädigung. — So etwa argumentirte die Mehrzahl der Merkantilisten. Wörtlich genommen lautet wohl mancher Ausspruch, den sie thaten, anders; wer aber in den Geist ihrer Schriften eindringt, wird zugeben müssen, dass die vorstehende Skizze den Gang ihrer Idéen unverfälscht, wenn auch aller stilistischen Ueberschwänglichkeiten entkleidet, wiedergibt.

Es ist das sozusagen der Kern ihres wissenschaftlichen Bekenntnisses, die Summe ihrer volkswirthschaftlichen Weisheit.

Besehen wir uns nun die einzelnen Ideen näher, sowohl bezüglich ihrer Uebereinstimmung mit dem echten Inhalte merkantilistischer Schriften, als in Ansehung ihres wissenschaftlichen Werthes.

Die an die Spitze gestellte Definition sucht man in den Schriften der Merkantilisten allerdings vergebens. Allein es lässt keine andere Deutung, als die, dass Wohlstand in jenem Sinne gemeint sei, zu, wenn Botero[24]) die virtù nutritiva eines Landes mit der Bevölkerungsvermehrung in unmittelbaren Zusammenhang bringt, Davanzati dem Geldumlaufe eine ernährende Kraft zuschreibt[25]), Hobbes[26]) und Melchior von Osse[27]) den gleichen Gedanken aussprechen, Baco von Verulam[28]) gegen die Concentrirung grosser Reichthümer in einer Hand eifert, Walter Raleigh[29]) über schlechte Vertheilung der Güter klagt, Olbrecht[30]) der Obrigkeit die Pflicht zuerkennt, fürzusorgen, damit „an nothwendiger Unterhaltung nimmer ein Mangel erscheinen möge“, Bornitz[31]) nicht nur für das „Vivere et se sustentare“ sondern auch für das „Civiliter vivere“ gesorgt wissen will, Klock[32]) um die Lebensnothdurft der niederen Klassen sich besorgt zeigt, Seckendorf[33]) die Regel aufstellt: „man soll von Obrigkeits wegen dahin bedacht sein, dass alle Unterthanen durch fleissige Arbeit ihre Nahrung und Erwerb haben“, Becher[34]) gleichfalls „die Nahrung der Gemeinde“ als das vornehmste Ziel aller Volkswirthschaft bezeichnet und eine bessere Vertheilung der Güter anstrebt, Hörnickh[35]) eine gemeinnützige Leitung der Consumtion befürwortet,

Schröder[36]) den Hauptnachdruck auf die „Verwechslung des Geldes", als wodurch „der Menschen Nahrung multiplizirt werde", legt, Law[37]) in jeder Geldvermehrung einen Zuwachs von Mitteln, Beschäftigungslose zu beschäftigen, erblickt, Melon[38]) Geld herbeigeschafft wünscht, damit jeder Bürger seinen Ueberfluss gegen den Mangel Anderer vertauschen möge, Ortes[39]) sich zu der Ansicht bekennt: es komme weniger auf die Masse der Reichthümer als auf deren günstige Vertheilung an, Sonnenfels[40]) endlich „die Erweiterung der Nahrungswege" als die Hauptaufgabe der Volkswirthschaftspflege betrachtet.

Der Eindruck, den diese leicht noch vermehrbaren Belegstellen auf jeden Unbefangenen, der sie in Betracht zieht, machen, ist gewiss der oben antizipirte. —

Wenn also Kautz (a. a. O. S. 307) von den Widersachern der Merkantilisten behauptet: sie seien für Erhaltung und Sicherung der allgemeinen Volkswohlfahrt eingetreten, und damit den Merkantilisten indirekt den Vorwurf, dies vernachlässigt zu haben, macht: so übersieht er das Ziel, dem diese zusteuerten. Richtig aber ist, dass, wie Held (a. a. O. S. 55) bezüglich der deutschen Kameralisten und Mangoldt[41]) in Ansehung Colbert's bemerkt, vielen Vertretern der in Rede stehenden Grundsätze der Volkswohlstand nur als Basis für die Finanzen beachtenswerth erschien; obschon es unter denselben auch Freunde des Volkes gab, die der reformatorische Gedanke durchdrang: „Jeder solle Güter erhalten nach Nothdurft und Gelegenheit", Männer, die von humanen Rücksichten geleitet, der Ursache der immer mehr um sich greifenden Massenverarmung nachforschten und diese nicht sowohl in einem unversöhnlichen Gegensatze zwischen Armuth und Reichthum, auch nicht darin, dass überhaupt zu wenig Güter vorhanden seien, sondern in dem Fehlen einer distributiven Vermittlung, wie das Geld sie gewährt, begründet fanden[42]).

Man denke nur an den theils auf antiker Lebensanschauung, theils auf der biblischen Tugendlehre beruhenden Rigorismus der Reformatoren, welche das Kaufen und Tauschen als von Gott geordnet ansahen und im Gelde nicht einmal ein Objekt ausschliesslichen Privateigenthums, sondern ein Gemeingut erblickten, dessen Verwalter nur, nicht aber freier Disponent darüber der jeweilige Besitzer sei.

Einzelne Theologen dehnten die moralische Verpflichtung der Menschen rücksichtlich des Gütergebrauchs noch weiter aus. Erasmus lehrt geradezu: „Hoc admonent Orthodoxi pii: Christianum dispensatorem esse rerum suarum verius quam dominum"[13]. Die Wortführer absoluter Fürstengewalt setzten die weltliche Obrigkeit als Organ des Gesammtwillens an die Stelle freier Befolgung der bezüglichen Moralgebote durch die einzelnen dazu Verpflichteten und folgerten daraus: dass es dem Landesfürsten zukomme, im Wege der Besteuerung den Geldumlauf zu Gunsten der in wirthschaftlicher Beziehung Bedrängten zu reguliren. Schröder sagt dies mit dürren Worten[14]. Andere geben es verblümt zu verstehen[15]. Wäre es nun gleich eine Uebertreibung, wollte man den Merkantilisten ohne Weiteres das von Bentham aufgestellte oberste Prinzip: „die Verwirklichung des grösstmöglichen Glückes und Wohlseins für die grösstmögliche Anzahl" — unterschieben: so darf man doch ihnen so gut, wie den Physiokraten nachrühmen, dass sie zur Mehrzahl redlich bestrebt waren, durch die von ihnen ausgestreuten Grundsätze Jedem, der seinen persönlichen Bedarf an Gütern sich zu erwirthschaften erbötig, die Gelegenheit zu solchem Erwerbe zu verschaffen[16]. Sie hatten dabei grösstentheils Leute vor Augen, welche, obschon mit Arbeitskraft ausgerüstet oder im Besitze eines entbehrlichen Gütervorrathes, darben, weil sich für die Dienste, welche sie anbieten, und für die Waaren, welche sie feil haben, kein Käufer findet[17]. Andererseits setzten sie voraus, dass der Grund, warum kein Käufer für solche Anerbietungen sich findet, nicht etwa im Mangel an Begehr darnach, sondern lediglich darin ligt, dass die bestehende Nachfrage wegen Mangel an Geld unwirksam bleibt, ja nicht einmal sich zu erkennen gibt, weil ja in der Regel Jeder, welcher als Käufer auftritt, besonders im Kleinverkehre, entweder promte Bezahlung zu leisten oder doch eine solche zuzusichern in der Lage sein muss.

Die Merkantilisten dachten sich nun die ganze Schwierigkeit als sogleich behoben, sobald das erforderliche Geld, von Hand zu Hand laufend, dazwischentritt *). Damit aber Geld in be-

---

*) Schäffle drückt mit der ihm eigenen Umsicht und Präcision diesen Gedanken in seiner „Nationalökonomie", 2. Aufl. (Tübingen 1867) folgendermassen aus (S. 129): „Das Geld, in welches fast jeder Vermögensbestandtheil umzusetzen,

stimmten Kreisen circuliren könne, muss es daselbst vorhanden
sein, und zwar in jeder Hand jedes Mal so viel, als zur
Bezahlung der betreffenden Preise nöthig. An eine
Entwerthung des Geldes in Folge stärkerer Ansammlung ist schon
desshalb nicht zu denken, weil ja mit der Vergrösserung des in-
dividuellen Geldeinkommens die Lust, mehr Dienste sich leisten
zu lassen oder mehr Waaren einer gewissen Gattung anzukaufen,
sich einstellt und das häufig gerade diejenigen Dienste und Waaren
sind, auf deren Absatz Andere schon begierlich warten. Ist nun
einmal diese „Concoctio bonorum" — wie Hobbes den durch das Geld
vermittelten Güterumsatz nennt [18]) — im Gange, so rückt jedes
Gut an seine rechte Stelle*), die sonst ungenutzt verflüchtigende
Arbeitskraft**) fixirt sich oder überträgt sich mit nachhaltiger,
wirthschaftlicher Wirkung, das starre Volkskapital — die „stupida
immobilità", wie Genovesi [19]) es nennt — wird gleichsam flüssig, die
gesammte Volkswirthschaft nimmt den erfreulichsten Aufschwung.
Güter, die sonst nie produzirt worden wären, gelangen nun in den
Verkehr***), und frommen nicht nur Dem, der sie durch ein wirk-
sames Geldangebot hervorrief, sondern auch einer Reihe anderer

---

gegen welches fast jedes Gut aus dem Vermögen Anderer zu haben ist, macht alle
Güter. obschon sie stets im Privatvermögen sind, zu gesellschaftlichen Gütern. Das
in die Privatvermögen auseinandergestreute Volksvermögen wird ein Magazin, aus
welchem durch Geldanweisungen Jeder seinen Bedarf an werdenden (Kapital-) und
an fertigen (Genuss-) Gütern bezieht, nachdem er selbst seine werdenden Güter
(Arbeitseffecte, Kapitalgüter) und seine Genussgüter, gegen die Aushändigung von
Geld in Form von Lohn. Zins, Erlös. in die gesellschaftliche Masse eingeliefert
hatte. Die Physiokraten haben bereits sehr anschaulich das Geld als derartige „An-
weisung" bezeichnet. Jedes Einzelvermögen muss hienach theilweise Geldvermögen
sein". Von der nämlichen Anschauung geleitet, bezeichnet hinwider Hasner (System der polit. Oekonomie, 1. Bd. Prag 1860, § 211) Waarenvorräthe als
eine „unerwünschte Form des Vermögens", zumal dort, wo „die Waare lediglich
als Produkt eines Prozesses werbender Kräfte erscheint, wie in der Fabrikation,
wo ihr Werth in die Kapitalform zurückgehen muss, wenn dieser Prozess nicht sus-
pendirt oder in seiner Mächtigkeit gemindert werden soll".

*) Das Geld ist „das universelle Werkzeug der Versetzung der wirthschaft-
lichen Elemente zwischen den Einzelwirthschaften" (Schäffle, Die ethische Seite
der nat.-ökon. Lehre von Werthe, in den Tübinger Universitätsschriften von 1862. S. 17).

**) „Das Arbeits-Vermögen muss in zeitlich ununterbrochener Reihenfolge
benutzt werden, wenn nicht jede Pause baarer Verlust sein soll" (Schäffle, National-Oekonomie, 2. Aufl., S. 69).

***) „Geld ist zwar nicht Kapital für die einzelne Hervorbringung, zu der
es nicht beiträgt; für die volkswirthschaftliche Hervorbringung im Ganzen
aber, weil sie arbeitstheilig und daher tauschmässig geschehen muss, ist
Geld ein unentbehrliches Hilfsmittel der Gütererzeugung, auch für den Einzelnen als
Mittel der Beschaffung der Erzeugungs-Bedingungen, und insoferne ist Geld Kapital".
(Schäffle, ebenda, S. 100).

Menschen, die sich ihrer freuen und sich damit gütlich thun. Güter, welche sonst kaum die Hälfte des Nutzens, den sie nun stiften, gewährt haben würden oder trotz ihres wirthschaftlichen Charakters zu Niemandem in eine Genuss spendende Verkehrsbeziehung getreten wären, gewinnen nun bald grösseren, bald geringeren actuellen Tauschwerth *). Der als überall hin zerfliessende Kauflust [50]) den gesammten Verkehr belebende Geldstrom wirkt wie ein befruchtender Dünger, der einzelne Potenzen löst und andere bindet; er wirkt wie die Berieselung einer dürren Haide; er ernährt und weckt immer von Neuem den Unternehmungsgeist, so dass dessen Offerte mit dem steigenden Geldangebote Schritt halten, wo nicht dasselbe überflügeln.

Weit entfernt also, den Verkehr durch Geldentwerthung mit einem schwerer zu handhabenden und kostspieligeren Tauschinstrumente dauernd zu belasten, erhöht der den Circulationscanälen zugeführte Geldzuwachs vielmehr das Genussvermögen der Einzelnen in doppelter Hinsicht, nämlich durch Vermehrung der Gütermasse und durch deren zweckdienlichere Vertheilung [51]). Umgekehrt legt jeder Uebelstand, welcher die Verzehrung der Güter hemmt, nicht nur unmittelbar den Produzenten so gut, wie den Consumenten Entbehrungen auf, sondern hindert er auch den Nachschub der Güter zum Ersatze der entweder zur Bedürfnissbefriedigung doch noch verwendeten oder der ungenutzt zu Grunde gegangenen [52]).

Ich muss mich hier mit vorstehender Erläuterung begnügen, zu deren Rechtfertigung ich bemerke, dass der Gedankengang der Merkantilisten, so wie er sich mir auf Grund meiner Forschungen darstellt, bei den einzelnen Autoren bald deutlich bald nur andeutungsweise hervortritt. Ja es fehlt selbst nicht an Merkantilisten, welche jenen Gedankengang gänzlich zu verläugnen scheinen, indem sie, wie es z. B. bei Montaigne, Baco von Verulam, Th. Mun, Schröder, Davenant, Galiani, Verri, Voltaire und dem preussischen Könige Friedrich dem Grossen der Fall ist, sich

---

*) Schäffle, dem ich auch hier ein paar prägnante Ausdrücke entlehne, erklärt sogar ein Gut erst dann für „fertig“, sobald es zur Konsumtion gelangt, d. h. der Konsument es zum sofortigen Genusse übernimmt und er nennt dem gemäss das Tauschen einen „Hervorbringungsakt“. (Nat.-Oekon., S. 7, 114, 119).

in dem Wahne befangen zeigen, dass beim Umsetzen der Güter stets der Eine gewinnt, was der Andere verliert [53]). Es ist dies jedoch mehr nur Redensart und betrifft weniger die Natur der Umsätze als vielmehr die Abschätzung der Tauschwerthe, über die jene Schriftsteller freilich mit sich keineswegs im Reinen waren.

Mehr Beachtung verdienen da Aussprüche wie der D a v a n z a t i 's: „in tanto, che meno metallo ha, meno cose, c h e s o n o li v e r i b e n i, può comperare“ [54]), oder jener M u n 's: „Dem, der Geld hat, kann es nie an Waaren fehlen“ [55]). Die Unentbehrlichkeit des Geldes zur Bedürfnissbefriedigung haben übrigens schon im Mittelalter T h o m a s v o n A q u i n o [56]) und O r e s m e [57]), zu Ende des 15. Jahrhunderts der Tübinger Professor G a b r i e l B i e l [58]) und im 16. G e o r g A g r i c o l a [59]) mit Worten nachgewiesen, welche an Deutlichkeit nichts zu wünschen übrig lassen.

Der wahre Wesensbestand des Merkantilismus ist also n i c h t das Programm einer besonderen Schule; dessen Anerkennung ist n i c h t ein Charakterzug eines besonderen Zeitalters. Vielmehr haben Schriftsteller und Staatsmänner aller Jahrhunderte sich dazu bekannt [60]), wie verschieden dieselben auch im Uebrigen von dem, was die Lehrbüchertradition für Merkantilismus ausgab, dachten und wie sehr auch beziehungsweise ihr praktisches Verhalten davon abwich.

Ebensowenig haben wir es da mit einem ü b e r w u n d e n e n Standpunkte, mit einer Auffassung, die sich überlebt hat, zu thun. Der Staatspraxis nicht zu gedenken, welche noch immer Verbote, die Staatspensionen ausserhalb des eigenen Staatsgebietes zu verzehren, kennt [61]), bei der Notenemission in Kriegszeiten auf merkantilistische Trostgründe sich stützt [62]) und bei der Vertheilung der Garnisonen in Friedenszeiten merkantilistischen Wünschen Rechnung trägt [63]), — also abgesehen von Dem, was g e s c h i e h t (und vielfach Billigung findet) zeugt auch Das, was erprobte Männer der Wissenschaft neuerdings l e h r e n (ohne auf erheblichen Widerspruch zu stossen) von der Lebenskräftigkeit des Merkantilismus.

Seit Adam Smith's Untersuchungen die von merkantilistischem Geiste erfüllten Schriften in den Hintergrund gedrängt und als Ausgeburten volkswirthschaftlichen Aberglaubens in Verruf gebracht haben, wagte es allerdings bis in die neueste Zeit nur selten ein Schriftsteller, auf die Geldlehre der Merkantilisten zurückzukommen.

Friedrich List entschuldigte sich förmlich wegen seiner offenen
Hinneigung zu Letzteren [64]), gleich als begienge er damit eine Sünde
wider den gesunden Menschenverstand.

Wie verschieden hievon fasste nicht ein tirolischer Schriftsteller des 17. Jahrhunderts, Graf Franz Adam von Brandis [65]),
die Sache auf, indem er die damals schon aufgestellte Thesis: „Ho-
minem . . . ad suam sustentationem nil minus quam pecunia in-
digere" mit der trockenen Antwort abfertigte: „Experientia docet
contrarium!"

Als Adam Müller, welcher bekanntlich als Geheimsekretär
des Regierungs-Kommissärs Roschmann die tirol. Verfassung vom
Jahre 1816 ausarbeiten half, zur Zeit, wo diese publizirt wurde,
ein Werk herausgab, in dem er das Geld als das festeste Binde-
mittel der modernen Gesellschaft bezeichnete, erndtete der allerdings schrullenhafte Gelehrte dafür Spott im reichsten Masse [66]).

Nicht besser ergieng es in Frankreich einem Ferrier, Chaptal,
Louis Say, St. Chamans und der s. g. theologisch-feudalen Schule,
welche man der Hinneigung zum Merkantilismus beschuldigte [67]).
Es hiess in der That einer üblen Nachrede Trotz bieten, wenn
Schmitthenner in seinen „Grundlinien der Geschichte der Staats-
wissenschaften" (Giessen 1839, S. 63) den Ausspruch that: „Die
in den mageren Abstractionen der neueren theoretischen National-
Oekonomie ganz übersehene, sogar bestrittene Wahrheit, dass eine
gleiche Wertsumme in Geld oder überhaupt einem capitalisirbaren
Gute einer ebensolchen in der Form einer specifisch-consumtiblen
Waare, wo es sich nicht um Genuss, sondern um Capitalisirung,
Erhaltung und Steigerung des Nationalreichthums handelt, vorzu-
ziehen sei, bietet sich der unbefangenen Beobachtung des Volkslebens so einfach dar, dass es nicht Wunder nehmen kann, wenn
die Gesetzgebung schon frühe davon ausgieng". Einer beruhigteren
Stimmung begegneten bereits J. G. Hoffmann [68]) und C. v. Rotteck [69]), als sie, Jener 1846, Dieser 1848, den Nachweis lie-
ferten, dass das Merkantil-System nicht unbedingt zu verwerfen
ist. Indessen waren das immer erst noch vereinzelte Anwälte einer
im Allgemeinen für verloren gegebenen und sehr geringschätzig
behandelten Sache.

Während der letzten 15—20 Jahre aber mehrten sich die
Stimmen, welche der Smith'schen Doctrin gegenüber behaupteten:

so ganz Unrecht hätten die Merkantilisten mit ihrer Hochschätzung des Geldes denn doch nicht gehabt. Volkswirthschaftliche Theoretiker ersten Ranges, wie: Roscher [70]), Schäffle [71]), und Stein [72]), dann Hermann [73]), Knies [74]) und Nasse [75]), namentlich aber der Amerikaner Carey [76]) haben den Merkantilisten in dem einen und anderen Stücke Gerechtigkeit widerfahren lassen. Andere stimmten dem indirect bei, indem sie, wie namentlich Glaser [77]), landläufige Vorurtheile aus vollster Ueberzeugung bekämpften oder, wie Bruno Hildebrand [78]), auf Thatsachen hinwiesen, aus welchen die Richtigkeit mancher merkantilistischen Lehrsätze sich mit zwingender Logik ergibt. Freilich lud zu solchem Vorgehen auch das in Europa seit 30 Jahren wahrnehmbare Zuströmen edler Metalle aus überseeischen Gebieten ein, dessen Wirkungen zu beobachten, einen begreiflichen Reiz hatte.

Soetbeer [79]) und Newmarch, gegenwärtig die bedeutendsten Autoritäten auf diesem Forschungsgebiete, läugnen, dass die von den Merkantilisten einer Geldvermehrung zugeschriebene Steigerung der internen Tauschkraft des Volkes, bei dem jene eintritt, paralysirt werde durch eine corelative Erhöhung der Waarenpreise.

Newmarch sagt in der von ihm gemeinschaftlich mit Tooke herausgegebenen „Geschichte der Preise" (II. 421) [80]):

„Offenbar hat... der Zufluss von 171 Millionen in Gold seit 1848 etwas ganz Anderes und ein weit Mehreres zuwege gebracht, als eine unfruchtbare Vergrösserung im Betrage des bei uns (d. h. in England) und in anderen Staaten vorher befindlichen Metallgeldes und viel wichtigere Veränderungen herbeigeführt, als bloss unfruchtbare Erhöhungen der Waarenpreise [81]). " — „Die Theorie nimmt ohne Weiteres eine Verdoppelung der Preise aller Waaren an, so dass die Folge nur sein würde, dass man künftig zwei Geldstücke statt eines zu zahlen hätte, und Diejenigen, die auf ein festes Einkommen angewiesen sind, die Hälfte desselben unter ihren Händen verschwinden sehen. Aber eine solche Preissteigerung geht, selbst bei einer bedeutend vergrösserten Menge des Metallgeldes, keineswegs sehr schnell vor sich, wie das auch factisch in den letzten 360 Jahren nicht geschehen ist, und ebensowenig sind die mit der Verbreitung der grösseren Menge des Metallgeldes verbundenen Umstände als blosse Nebenfragen ausser Acht zu lassen." An ein von Adam Smith gebrauchtes Gleichniss anknüpfend und diesen

geschickt persifflirend, bemerkt dann N e w m a r c h (II. 434), um
das wesentliche Endergebniss seiner Studien klar zu machen: „Eine
Landstrasse erleichtert den Verkehr und muntert mithin dazu auf
und je breiter, je länger und geebneter sie ist, desto besser dient
sie der Production als Werkzeug. In diesem Gleichniss scheint
uns nun die wahre Lösung unseres Problems zu liegen. Ein un-
zureichender Geldbestand erzeugt Uebel, die ihrer Natur nach grosse
Aehnlichkeit mit den Behinderungen, Unglücksfällen und Störungen,
mit physischen und moralischen Leiden haben, welche ein grosser
und im Wachsen begriffener Verkehr auf einem engen, krummen
und holperigen Wege mit sich bringt. Und noch schlimmer er-
geht es, wenn der Weg nicht nur nicht breit genug, sondern auch
zu kurz ist, wenn er nicht nur den Verkehr nicht fasst, sondern
ihn auch nicht dem Orte seiner Bestimmung zuführt. Den Geldbestand vermehren ist also (so wahr das Geld seiner volkswirthschaftlichen Bedeutung nach einer Strasse gleicht) beinahe dasselbe,
als wenn man der Produktion den Anstoss gibt, den sie durch die
Umwandlung eines gewöhnlichen Landweges in eine Eisenbahn er-
hält, und die jährliche Vermehrung des Geldbestandes kommt an
Wirkung mit der jährlichen Ausdehnung des Eisenbahnnetzes überein".

Bezüglich der Veränderungen im Stande der Waarenpreise,
welche seit der Entdeckung Amerika's bis zum Jahre 1830 auf
den europäischen Märkten dem Ueberhandnehmen der edlen Metalle zufolge eintraten, hat längst schon H e l f e r i c h, der nun Hermann's Nachfolger an der Münchner Universität geworden, ähnliche
Wahrnehmungen constatirt [82]) und vor einigen Jahren in der Tübinger „Zeitschrift für d. g. Staatswissenschaft" [83]) neue Belege für
die Behauptung beigebracht, dass die im 16. Jahrhunderte eingetretene Entwerthung der edlen Metalle g e r i n g e r ist, als man sie
gewöhnlich annimmt.

O. P e s c h e l [84]) hat, obschon er sich „das Phänomen" nicht
recht zu erklären wusste, es als eine geschichtliche Thatsache anerkannt, dass im 18. Jahrhunderte die Weizenpreise in England,
Frankreich und Preussen f i e l e n, während die Metallproduktion
von 16 auf 22½ Mill. jährlich und der Metallvorrath angeblich
von 2340 Mill. auf 3465 Mill. (im J. 1750) s i c h v e r m e h r t e.

Auch A d o l f W a g n e r, gegenwärtig Professor in Freiburg,
ist ein entschiedener Gegner der s. g. Quantitäts-Theorie [85]).

Mit dieser Theorie fällt aber der ganze Thurm von Lehr-
meinungen, welchen die Smith'sche Schule erbaut hat, um Das,
was die Merkantilisten vom Gelde hielten, in Schatten zu stellen.
Die gleiche Satisfaction wird heutzutage den Merkantilisten in Ansehung ihrer vielgeschmähten Handelsbilanz-Theorie zu Theil[86]).
Die vorgerückte Zeit gestattet nicht, hierauf näher einzugehen.

Dasselbe gilt von dem merkantilistischen Grundsatze: dass
es unter gewissen Umständen eine verfehlte Speculation
und sehr unpatriotisch obendrein sein kann, wenn man Waaren,
deren man bedarf, zu billigeren Preisen, als wozu man sie in
der Nähe kaufen könnte, aus der Ferne bezieht[87]).

Doch seien hier noch ein paar Missverständnisse berührt,
welche theils den eben erwähnten Grundsatz, theils die den Merkantilisten zur Last gelegte Verwechslung des Geldbesitzes mit dem
Nationalreichthume betreffen.

Es ist nicht richtig, dass die Merkantilisten ein Volk
darum allein schon reich und glücklich preisen, weil es viel
Geld in seiner Mitte fest hält; vielmehr erblicken sie im Gelde,
insoferne es Bestandtheil des jeweiligen Vermögens ist, nur
eine Bürgschaft für die leichte Beschaffung der Genüsse, die das Wohlleben ausmachen; allerdings eine
Bürgschaft, die nicht fehlen darf, und deren Ausgiebigkeit
mit der Geldmenge, über die man verfügt, wächst, so dass weit
eher ein unnützer, wo nicht gar schädlicher, Ueberfluss an Waaren, denn am Gelde denkbar ist.

Dass unter gar keinen Umständen in einem Lande
zu viel Geld vorhanden sein könne, haben die Merkantilisten
nicht behauptet. Sie stellten eben keine abstracten Lehrsätze
auf, sondern kümmerten sich blos um concrete, örtlich wie zeitlich begrenzte Erscheinungen des Volkslebens[68]). Auf diese sind
ihre Vorschläge berechnet und da waltete insgemein die Voraussetzung, dass, so wirksam auch die betreffenden Vorkehrungen
sein mögen, doch, weil ja der Geld-Zufluss ehevor auch ein durch
die Natur der Dinge begrenzter ist, nicht leicht des Guten
zu viel geschehen werde.

Eben so wenig nahmen die Merkantilisten für die von ihnen
empfohlene wechselseitige Absatz-Assekuranz eine allgemeine Giltigkeit in Anspruch. Sie hatten dabei ganz beson-

dere Verhältnisse vor Augen, Ausnahmszustände, wie sie die wirth-
schaftliche Ethnographie allerdings aufzuweisen hat, Orte, wo auswärtige Nachfrage die im Innern fehlende nicht ersetzt, auch kein
Aktivhandel getrieben wird und die überschüssige Arbeitskraft vermöge einer gewissen Schwerfälligkeit, die in der Volksnatur wur-
zelt, gleichwohl an der Scholle klebt, daher auch, ohne unbefugte
Gewalt anzuwenden, nicht mit anderswo sich darbietender Kund-
schaft in persönliche Verbindung gebracht werden kann. Sie dachten
da ohne Zweifel auch an Kapitalanlagen, deren Uebertragung einer
Werthzerstörung gleich oder doch nahe käme und die daher für
sich schon ein Beweggrund sind, warum gewisse Gewerbetreibende
nicht so leicht den Aufenthalt wechseln.

Was die Merkantilisten in dieser Beziehung lehrten, ist nur
eine Anwendung des den Freihandels - Theoretikern so geläufigen
Satzes: „Wer verkaufen will, muss kaufen“ — auf den stockenden
inneren Verkehr solcher Orte. Es ist gleichbedeutend mit der
bekannten, sprüchwörtlichen Maxime: „Leben und Lebenlassen“,
deren werkthätige Verehrer noch nach Tausenden zählen und, indem sie sie befolgen, nicht nur sich, sondern auch der Volkswirthschaft im Allgemeinen oft einen weit grösseren Dienst erweisen,
als durch schonungslose Ausbeutung ihrer Mitmenschen. Wo jede
verfügbare Waare sozusagen sich selber verkauft oder der Handel
die entgegenstehenden Hindernisse rastlos bewältiget, wo „Ver-
leger“ die Vermittlung zwischen unbeholfenen Produzenten und
fernen Consumenten übernehmen und demzufolge Ersteren Geld
von auswärts zukommt: dort hat besagte Maxime, deren Befolgung
unter solchen Umständen allerdings ein heilloser Missgriff wäre [89])
auch nach der Anschauung der Merkantilisten keinen rechten Sinn.

Am klarsten wird man sich über die Verhältnisse, welche denselben diesfalls vorschwebten, wenn man den Blick auf herabgekom-
mene kleine Städte richtet. Entsteht in solchen ein Consum-
Verein, so betheiliget sich daran gewiss der ärmere Theil der
Bürgerschaft, dem jede Kostenersparung am wohlsten thäte, am
wenigsten, u. z. desshalb, weil der Einzelne besorgt, die Ersparniss,
welche ihm seine Betheiligung einträge, aufgewogen zu sehen durch
den Verlust an Absatz, den er bei Denjenigen erlitte, welche, weil
nun er ihnen weniger oder nichts mehr abkauft, ihm Gleiches mit
Gleichem zu vergelten sich beeilen würden. Diese Furcht ist, we-

nigstens für die Dauer eines gewissen Uebergangsstadiums, keineswegs unbegründet und wer mit dem Absatze seiner Dienste oder Produkte nicht zuwarten kann, während die betreffenden Consumenten weniger an ihn gewiesen sind, als er an sie, thut gewiss gut daran, wenn er lieber auf die Betheiligung an einem Consum-Vereine verzichtet, so lange seine Abhängigkeit von Mitbürgern, welche ihm den Beitritt auf die vorerwähnte Weise entgelten lassen würden, dauert. Es liegt dies nicht blos in seinem Privatinteresse, sondern auch in dem seiner Umgebung und in dem der Volkswirthschaft überhaupt. Denn verlöre er ganz oder theilweise den Absatz, dessen er sich bis dahin erfreute, so müsste er nicht nur seine Einkäufe einstellen oder doch einschränken, sondern es blieben dem Güterumlaufe auch seine eigenen Dienste und Produkte vorenthalten und wenn gleich vielleicht in Folge der anderswohin sich wendenden Nachfrage seiner erbossten Mitbürger andere Dienste und Produkte dafür eintreten d. h. dem Güterumlaufe einbezogen werden, so fragt es sich doch: ob nicht Letztere auch ohnedem dem Kreislaufe der Volkswirthschaft überantwortet worden wären. Daran, dass die Einkäufe des Consum-Vereins auf den Absatz seiner Mitglieder eine jene Verluste paralysirende Rückwirkung üben, ist in den meisten Fällen vollends nicht zu denken.

So wenig demnach derartigen Geschäftsleuten ihr Fernebleiben von den Consum-Vereinen verargt werden darf, so wenig verdient der merkantilistische Lehrsatz: dass es sich besser auszahlt, für eine Waare 2 Thaler zu geben, die im Lande bleiben, als nur einen, der aber hinausgeht, — unbedingt verlacht zu werden. Wähnt ja doch auch mancher Kapitalist, indem er diesen Spruch beherziget, das pünktliche Eingehen der Zinsen für Darlehen, die er ausstehen hat, sich zu sichern, und erspart nicht manchner Rentner, der diesem Beispiele folgt, wirklich Das an Almosen und Armentaxen, um was er gewisse Waaren daheim theurer einkauft, als er sie von auswärts erhielte?

Freilich hat man es da immer mit einer im Niedergange begriffenen Volkswirthschaft, mit verrotteten, ziemlich aussichtslosen Zuständen zu thun. Aber gibt es nicht auch solche und waren sie nicht weit verbreitet, als der vorcitirte Spruch das Ansehen eines Axioms genoss [90])?

So wie, mit Stein [91]) zu reden, „Das, was die Gemeinschaft der Verwendungen und Bestrebungen zur Hebung des Einzelnen durch das Ganze und umgekehrt thut, wieder in das Interesse des Einzelnen zurückkehrt als höherer Werth seines eigenen Vermögens": so findet unter Umständen, wie die oben dargestellten sind, der Einzelne oft seine Rechnung, indem er dem Rathe Adam Smith's: Waaren stets dort zu kaufen, wo sie am billigsten sind, und stets dort zu verkaufen, wo sie am theuersten, — zuwiderhandelt. Und nicht blos der Einzelne gewinnt dann dabei thatsächlich, sondern auch dem allgemeinen Wohle ist gleichmässig damit gedient, wie ich oben näher ausführte.

So weit hatten die Merkantilisten mit ihrer der Smith'schen Klugheitsregel diametral entgegensetzten Anschauung der Dinge recht. Sie fehlten aber, indem sie sich zu unbestimmt ausdrückten und so die Ausnahme zur Regel zu erheben, Miene machten.

Sie fehlten ferner darin, dass sie Palliativmittel gewissermassen für Heilmittel ausgaben und durch die Lückenhaftigkeit ihrer Erörterungen sich den Verdacht zuzogen, als meinten sie mit derartigen Vorschlägen Angesichts der Zustände, welchen dieselben galten, genug gethan zu haben. Ueberhaupt leidet die Mehrzahl der Schriften, worin merkantilistische Grundsätze dargelegt sind, an bedauerlicher Verschwommenheit der Ausdrucksweise [92]) und erklärt sich zum Theile hieraus manches Missverständniss, das zu übler Nachrede Anlass gab.

Weit grössere Schuld hieran trägt aber die philosophirende Richtung der von A. Smith begründeten Schule, welche, mit den Eingangs erwähnten Entstellungen des wahren Sachverhalts als mit einem willkommnen Zergliederungsstoffe sich begnügend, selbst einen schwachen Versuch, den aus dem Leben gegriffenen Erörterungen der Merkantilisten ein richtiges Verständniss abzugewinnen, unter ihrer Würde fand [93]).

Dass die Wissenschaft der National-Oekonomie dadurch in ihrer Entwickelung aufgehalten wurde, ist, wie hoch auch die Verdienste der Smith'schen Schule im Uebrigen anzuschlagen sind, nicht zu verkennen. Es hat eben nächst dem Naturforscher wahrlich Niemand mehr, als der Volkswirth, Ursache, sich den ciceronianischen Satz zur Warnung dienen zu lassen:

„Praestat naturae voce doceri, quam ingenio suo sapere!"

Anmerkungen.

1) S. Roscher, „Ueber die Ein- und Durchführung des Adam Smith'schen Systems in Deutschland" in den Berichten der königl. sächs. Gesellschaft der Wissenschaften, philolog. histor. Classe, Sitzung am 1. Juli 1867: ferner in Betreff der Uebersetzungen Steinlein, Handbuch der Volkswirthschaftslehre, I. (München 1831), S. 86 ff. Kautz hebt in seiner „Geschichtl. Entw. d. N.-Oek.", S. 420 nach Buckle's Gesch. d. Civilisation in England hervor, dass dem Smith'schen Werke vom Jahre 1783 an oft die Ehre widerfuhr, bei den Verhandlungen des englischen Parlaments citirt zu werden. Unter den italienischen Schriftstellern ist Francesco Mengotti Einer der Ersten, welcher (in seiner am 13. Juni 1792 von der ökonom. Gesellschaft zu Florenz preisgekrönten Dissertation „Del Commercio de' Romani") das Werk nach einer französischen Uebersetzung citirt (so z. B. S. 21). Auch österreichische Staatsmänner würdigten es bald nach seinem Erscheinen ihrer besonderen Aufmerksamkeit. So bemerkte Graf Karl Zinzendorf in seinen handschriftlichen Memoiren beim 3. und 8. Febr. 1780: er habe in dem Werke gelesen u. z. gerade das uns hier vornehmlich beschäftigende 4. Buch. Graf Zinzendorf war damals Gouverneur der Stadt und des Freihafens von Triest und wurde 1782 zum Präsidenten der Hofrechnungs-Kammer in Wien ernannt. In die österreichische Literatur fand dagegen das Smith'sche Werk erst verhältnissmässig spät Eingang. Sonnenfels citirt es in der 1787 erschienenen 5. Aufl. seiner Handlungswissenschaft, entlehnt ihm aber (S. 219) lediglich das bekannte Beispiel von der Arbeitstheilung in Nadelfabriken. Um so bemerkenswerther ist es, dass ein in der Zips ansässiger, ungarischer Edelmann, Gregor von Berzewiczy, in seiner 1792 zu Wien anonym gedruckten Schrift: „Dissertatio statistica de industria nationali Hungarorum" sich, wenn auch

3*

nur flüchtig (S. 23) darauf beruft, wie ich, ohne damals den Verfasser der Broschüre zu kennen, bereits in meiner 1859 zu Kaschau unter dem Titel „Das Studium der politisch. Oekonomie und ihrer Hilfswissenschaften in Ungarn" veröffentlichten, literar-historischen Skizze hervorhob. Vgl. übrigens in Betreff des Einflusses der Smith'schen Lehren auf Ungarn das mit allenthalben eingestandener Benutzung dieser Skizze ausgearbeitete neueste Werk von Julius Kautz: A nemzetgazdasági eszmék fejlődési története és befolyása a közviszonyokra Magyarországon, Pest 1868.

2) S. die von Dr. C. W. Asher besorgte deutsche Uebersetzung des Smith'schen Werkes, I. Bd. (Stuttgart 1861), S. 410 ff.

3) Grundsätze der Volkswirthschaftslehre, 8. Ausgabe (Leipzig und Heidelberg 1868) § 35.

4) Ebenda, § 37.

5) Ganilh sagt in seinen „Untersuchungen über die Systeme der politisch. Oekonomie", deutsche Berliner Ausgabe von 1811. S. 23 der Vorrede: „Diejenigen, welche zuerst über diesen wichtigen Gegenstand (die Natur des Reichthumes) schrieben, haben, verleitet von dem Scheine der Thatsachen, in den kostbaren edlen Metallen, die ein Land für ausgeführte Bodenerzeugnisse und Manufakturprodukte zurückerhält, die Ursache des Reichthums der Völker erblickt". Er rechnet hieher die englischen Schriftsteller Raleigh, E. Misselden, L. Roberts, Mun, Fortrey, Davenant und Martin; den Holländer Jean de Witte; die Italiener Serra, Genovesi, Muratori, Corniani: endlich die französischen Staatsminister Richelieu und Colbert rücksichtlich der von ihnen herausgegebenen Ordonanzen und Reglements. S. 68 bezeichnet Ganilh das Merkantilsystem als „das System, welches allen Reichthum durch den ausländischen Handel entstehen lässt". S. 67 rühmt er dem Schriftsteller Davenant nach: „dass, ob er gleich Anhänger des Merkantilsystems ist, er doch nicht in dem Ueberfluss der edlen Metalle, welchen es in einem Lande veranlasst, seine vortheilhafte Seite erblickt". Welche Anschauung vom Merkantilsysteme solchen Auslassungen zufolge in Frankreich späterhin die herrschende wurde, zeigt am besten A. Sandelin's Repertoire générale d'Économie politique, La Haye 1848, T. VI. p. 114 sequ. Art. Système mercantile. Unter Anderem heisst es hier (p. 119) von den merkantilistischen Grundsätzen: „ils furent adoptés sans réserve per tous les auteurs qui écrivirent sur l'économie politique en Italie, en

Angleterre. en France et en Allemagne, depuis le seizième siècle jusqu'au milieu du dix-huitième". (!)

6) S. die von Buss veranstaltete deutsche Uebersetzung des Blanqui'schen Buches (Karlsruhe 1840). I. 251 und II. 15 ff. Noch ungünstiger, als Blanqui, ja geradezu mit Verachtung, beurtheilt den Merkantilismus der bekannte Schriftsteller Emminghaus in dem von Dr. H. Rentzsch herausgegebenen „Handwörterbuche der Volkswirthschaftslehre (Leipzig 1866), Art. Merkantilsystem S. 585. „Der Merkantilismus" — heisst es da — „ist unter den wirthschaftlichen Verirrungen Das, was der Geiz unter den sittlichen. Auch er ist die Wurzel vielen Uebels. Er ist fast mehr, als eine Verirrung: er ist zugleich das Zeichen einer niedrigen uud gemeinen Weltanschauung. Ebenso bekanntlich der Geiz. Der Geizige hungert und verkommt im Ueberflusse. Ebenso müsste ein Volk verhungern und verkommen, in dem der Merkantilismus als alleinherrschendes Wirthschaftssystem vielleicht unerschöpfliche Schätze von Gold und Silber angehäuft hätte." Dieses harte Urtheil wird nur wenig durch den Beisatz gemildert: „Doch in einem Punkte sind sich der Geiz und der Merkantilismus unähnlich. Jener ist eine verabscheuungswürdige Verirrung ebenso in abstracto wie in concreto. Vor der Irrlehre des Merkantilsystems in abstracto muss man immer noch Achtung haben. Sie ist die erste grosse Verirrung, aber auch eine der ersten grossen Lebensregungen der Wissenschaft".

7) Neue Untersuchung der National-Oekonomie, Stuttgart und Tübingen 1835, S. 16.

8) Handbuch der Volkswirthschaftslehre, I. 15.

9) Versuch einer Gesch. und Literatur der Staatswissenschaft, Erlangen, 1827, S. 151.

10) Grundsätze der Volkswirthschaftslehre. 8. Ausg. S. 45.

11) Uebrigens erhellt aus einer Vergleichung der späteren Ausgaben der Rau'schen Volkswirthschaftslehre mit der ersten Ausgabe von 1826, dass auch dieser Schriftsteller von seiner ursprünglichen Anschauung der Dinge späterhin abwich. Während in der ersten Ausgabe dem Citate aus Saavedra die Worte: „Nur Wenige hielten sich in jener Zeit von den herrschenden Meinungen frei, wie z. B. der Spanier Saavedra etc." vorangeschickt sind, fehlen diese Worte in den neueren Ausgaben und ist dafür das Verzeichniss der Ausnahmen hier um ein Merkliches länger.

12) Della ragione di Stato all' I. R. S. Sig. Volfgango Theodorico Arcivescovo e Principe di Salczburg, Venetiae 1589, p. 198 (Lib. VIII).

13) De Republica, Lib. V. Cap. II. und Lib. I, Cap. I (Frankfurter Ausgabe von 1609, S. 828 und 980).

14) Roscher, die deutsche National-Oekonomik an der Grenzscheide des 16. und 17. Jahrhunderts im 4. Bande der Abh. d. philolog.-histor. Klasse der kgl. sächs. Gesellsch. der Wissensch. (Nr. III von 1862), S. 280.

15) De Aerario, II. Bd. der Peller'schen Ausgabe, S. 392. Vgl. Kautz. a. a. O. S. 289.

16) Politischer Diskurs (S. 32 der von Dr. Zinck 1754 veranstalteten Ausgabe).

17) Fürstliche Schatz - und Rentkammer. Cap. 68 (Leipziger Ausgabe von 1713. S. 190).

18) S. die „Oesterreich über Alles. wann es nur will" betitelte Schrift, in deren 8. Abth. (S. 27 der Ausgabe von 1750) es heisst; „Die Pflege der Güter belangend, so besteht solche erstlich in deren einheimischen Beischaffung, nemlich wann es die oberirdische Gewächs betrifft, in deren Bau-Pflantzung; wann aber die Thiere und was sich von selbst beweget. iu ihrer Zucht und Fahung (Einfangung), was endlich die unterirdische Dinge angehet, in deren Gewinnung und Zutagebringung; zweitens in der Formgebung roher Güter" u. s. w. Ferner wird da die natürliche Abhängigkeit des Gewerbebetriebs von der Rohstoffgewinnung betont und jedes Land, in dem diese beiden Productionszweige sich decken, glücklich gepriesen. Unter den von Hörnickh aus obiger Betrachtung abgeleiteten „Neun landesökonomischen Hauptregeln" ist die erste die: dass „kein Winkel, kein Erdschollen, ob es des Bauens fähig (d. h. culturfähig), unbesprochen zu lassen", dass „nichts Nutzbares von Plantagien (d. h. Anpflanzungen) unter der Sonne unversucht bleiben soll, ob und wie weit es im Lande gut thun möchte" u. s. w.

19) „Die nat.-ökon. Grundsätze der canonistischen Lehre" in Hildebrand's Jahrbüch. für Nat.-Oek. und Statistik, I. Bd. Jena 1863, S. 538.

20) In Hildebrand's Jahrbüchern. II. Bd. 1864, S. 45.

21) Ebenda, II. 107.

22) Ebenda, II. 114, 115, 119—121.

23) S. meine „Geschichte des österr. Gesammtstaatsidee" I. Abth. (Innsbr. 1867) S. 124 (Anm. 44).

24) Kautz, a. a. O., S. 326.

25) Lezione (1588) bei Custodi: „Scrittori classici italiani di economia politica“, Parte antica, T. I. p. 37: „Siccome il sangue, che è il sugo e la sostanza del cibo nel corpo naturale, correndo per le vene grosse nelle minute, annaffia tutta la carne .. così 'l danajo ch'è sugo e sostanza ottima della terra, come dicemo, correndo per le borse grosse nelle minute tutta la gente rinsanguina di quel danajo, che si spend'e va via continuamente nelle cose che la vita consume; per le quali nelle medesime borse grosse rientra e così rigirando man-, tiene in vita il corpo civile della republica. Quindi assai di leggieri si comprende che ogni stato vuol una quantità di moneta che regiri come ogni corpo una quantità di sangue che corra e che standosi ne capo o ne' grandi oppilati lo stato ne cadra in atrofia, idropisia, diabetica, tisico o simili mali“ etc.

26) Roscher, Zur Geschichte der englischen Volkswirthschaftslehre, Leipzig 1851 (Separat-Abdruck aus dem III. Bande der Abhandlungen der kgl. sächs. Gesellschaft der Wissenschaften), S. 50.

27) Testament gegen Herzog Augusto, Churfürsten zu Sachsen, Sr. Churfürstl. Gnaden Räthen und Landschaften, 1556; II. Th. 20. Kap. — S. Dr. J. G, Glaser, Anfänge der ökon.-polit. Wissenschaften in Deutschland in der (Tübinger) Zeitschrift für die gesammte Staatswissenschaft , X. Band , S. 685 ff. Die angezogene Stelle des Osse'schen Testaments handelt vom „übermässigen Aufwand“, als dessen nothwendige Folge da der Ruin des Landes, das ihn treibt, bezeichnet wird: „ist eine Sache vor fremde Nationen und vor die Händeler ; die bekommen vor unnothdürftige Waare das Geld und Güter dieser Lande, das wird in andere Land gewandt und gehet gemeiner Nutz dieser (der einheimischen) Lande, welcher durch Geld und Gut der Landleute nicht weniger denn ein menschlicher Leib durch Ader und Blut erhalten wird, zu Boden. — Denn gleich wie die Eigeln das Blut aussaugen, also sauget solcher unnützer Pracht und ander vergeblicher Kosten, dess diese (sächsischen) Lande voll sind, das Geld als die Erhaltung gemeinen Nutzens aus dem Lande und richt so viel aus, dass, wenn man meint, man habe das Geld und Vermögen der Unterthanen im Lande, so haben sich andere Lande und Nationen davon gereichert, die doch zum Theil weder Gold noch Silber von sich kommen lassen und also wenig Geldes aus denselbigen Königreichen und Landen in diese Lande gewandt wird. Darum erfordert

meines gnädigsten Herrn sonderlicher und gemeiner Nutz dieser
Lande höchlich, dass Se. Churfürstlich Gnaden ... die Vorsehung thäten,
dass ... ein jeglicher Stand in einer feinen, ehrlichen, ihm gebüh-
renden Tracht, die ohne Nachtheil der Nahrungen zu erzeugen (ist), einhergienge" etc.

28) Kautz, a. a. O. S. 278.

29) Roscher, Englische Volkswirthschaftslehre, S. 35.

30) Roscher, Deutsche National-Oekonomik an der Grenzscheide, S. 280.

31) Ebenda, S. 304.

32) Roscher, die gelehrte National-Oekonomik in Deutschland
während der Regierung des grossen Churfürsten, in den Berichten der
kgl. sächs. Gesellschaft der Wissenschaften, philolog.-histor. Klasse,
1863, S. 189.

33) Additiones zu dem Tractat des Teutschen Fürstenstaats,
durch den Autoren selbst bei dieser neuen Edition aus Liebe des gemeinen Bestens abgefasst Anno 1664, Frankfurt und Leipzig 1700,
§ 41 (S. 163).

34) Roscher, Oesterr. National-Oekonomik. a. a. O. S. 44.

35) Ebenda, S. 111.

36) Ebenda, S. 116.

37) Kautz, a. a. O. S. 283. Heymann, Law und sein
System. ein Beitrag zur Finanzgeschichte, München 1853, S. 120.

38) Held, a. a. O. S. 68, Note 3. In seinem „Essai sur le
commerce" befürwortet Melon (S. 258 der Amsterdamer Ausgabe
von 1742) Einfuhrverbote zu Gunsten der Seiden- und Linnenindustrie
„parceque c'est l'aliment de nos ouvriers".

39) Kautz, a. a. O. S. 382.

40) Grundsätze der Polizey, Handlung und Finanz, 5. Auflage,
Wien 1787, I. Th. S. 20: „Die Vervielfältigung der Nahrungswege durch einen vortheilhaften Umsatz dessen, was das Erdreich und
die Emsigkeit hervorbringen, lehrt die Handlungswissenschaft."; ferner
II. Th. S. 14: „Die Pracht, insoferne sie die Bedürfnisse der Bürger
auf der einen Seite vermehrt und dadurch vielleicht einigen den Unter-
halt erschwert, vermehret auf der anderen Seite weit mehr auch die
Beschäftigungen, mithin erleichtert und vervielfältiget sie die Nahrungswege, das ist: der Ueberfluss der Einen verschafft Andern ihre Bedürfnisse." II. 464: „Die Anwesenheit einer zusagenden Menge

Geldes heisst: dass die Anbieter der Waare auf der einen Seite auf der andern Seite immer Geldanbieter d. i. Käufer finden, und daher durch den Empfang des Geldes zur Fortsetzung ihrer Beschäftigung neue Mittel erhalten.“; II. 486: „Wenn ein ansehnlicher Theil des Geldes durch was immer für einen Weg dem Umlaufe entzogen wird, so ist zwischen dem Gelde und den Waaren das Verhältniss gestöret, d. i.: es fehlet einem gewissen Theile von Waare an dem vorstellenden Zeichen. Könnte die Untertheilung der Geldmasse augenblicklich geschehen und sich das Gleichgewicht zwischen Geld und Waare herstellen, so würde die Folge dieser Störung allgemeine Wohlfeilheit der Waaren seyn. . . . Aber eine solche augenblickliche Berichtigung zwischen dem Gelde und den Waaren kann nicht geschehen; und da die ganze Geldsumme ungleich vertheilt ist, Einige Ueberfluss, Andre nur genau so viel haben oder empfangen, als zu ihrem Bedürfnisse zureicht, so ist die Verminderung der Geldsumme auch ungleich empfindlich. Diejenigen, die nur so viel empfingen, als ihnen zur Fortsetzung ihrer Beschäftigung zureichte, empfangen nun nicht so viel, als sie zu empfangen gewohnt waren. Sie müssen also entweder ihre Beschäftigung beschränken, wodurch es ihnen an ihrem Unterhalte gebrechen wird, oder sie müssen ihre Zuflucht zu Denjenigen nehmen, die Geld beiseite gelegt und daran Ueberfluss haben. . . . Der Burger muss sich . . . nothwendig zu Zinsen als einem Ersatze verstehen, ohne den der Besitzer sein Geld lieber behalten wird. . . . Die Wirkung dieses Uebels ist weit verbreitet. Eine Waare, deren Preis auf einer Seite steigt, da auf der andern die Mittel der Erwerbung abnehmen, findet in dem Innern des Staates weniger Absatz; in der äuseren Handlung wird durch den gesteigerten Waarenpreis der Vorzug bei dem Zusammenflusse (der Concurrenz) verloren. Es kommt also auch von daher derjenige Zufluss des Geldes nicht, den man sonst von der äusseren Handlung zu empfangen gewohnt war: dieses vermehrt die Zahl derjenigen, denen es an Geld zur Fortsetzung ihrer Beschäftigung gebricht, d. i. die Zahl der Borger noch mehr“. Vgl. auch den § 355 (S. 580 ff.), welcher mit den Worten beginnt: „Die Absicht der Handlung von Seite des Staates ist, die Beschäftigung der Bürger zu vermehren“.

41) Deutsches Staatswörterbuch von Bluntschli und Brater, II. Bd. (Stuttgart 1857), Art. Colbert, S. 590 ff.

42) Ueber die diesbezüglichen Vorläufer der Merkantilisten hat

Gustav Schmoller in seiner Abhandlung „Zur Gesch. d. nat.-ökon. Ansichten in Deutschland während der Reformationsperiode", (Tübinger) Zeitschrift. f. d. gesammte Staatswissensch.. XVI. Bd. S. 461 ff. Werthvolles mitgetheilt, so namentlich aus den Schriften Luther's und Melanchton's (S. 488, 633, 634) Hutten's (S. 635, 681) Eberlin's von Günzburg (S. 636), dann aus den Programmen der bäuerlichen Rebellenführer im Anfange des 16. Jahrhunderts (S. 696).

43) Wiskemann, Darstellung der in Deutschland zur Zeit der Reformation herrschenden nat.-ökon. Ansichten (von der fürstl. Jablonowsky'schen Gesellschaft zu Leipzig gekrönte Preisschrift), Leipzig 1861, S. 11. Einschlägige Aeusserungen Luther's, Calvin's und Zwingli's s. ebenda S. 50, 51. 82. 87.

44) Fürstliche Schatz- und Rentkammer. Leipzig 1713, Cap. 7, § 7. Schröder erklärt da den Landesfürsten für berechtiget, Luxus aller Art auf Kosten der Unterthanen zu treiben „wann ein Fürst in allem Diesen nur darauf mercket. dass das Geld, das darauf gewendet wird, im Lande verbleibe. Dann auf diese Weise thut ein Fürst nicht mehr, als was einem weisen Fürsten gebühret, cujus munus est, summa cum imis aequali jure retinere. Weilen, indem er siehet, dass der gewinnst im Lande ungleich getheilet ist, so nimmt er von dem, welcher seinem stand oder verdienst nach zu viel scheinet vor andern gewonnen zu haben, und gibt es einem andern; damit aber dieser nicht mit müssiggang Jenes Arbeit geniesse, so muss er etwas davor thun, welches entweder zu des Landes Erbaulichkeit oder des Fürsten Lust und Magnificenz gereichet". Schröder nennt da auch nach Aristoteles die Fürsten: „custodes et dispensatores communium bonorum". Ueber den Einfluss der Aristotelischen Schriften, zumal der schon im Jahre 1551 von Joach. Camerarius übersetzten politischen und social-ökonomischen, auf die Behandlung einschlägiger Fragen s. Glaser, Anfänge der ökon.-politisch. Wissenschaften in Deutschland, a. a. O. S. 682.

45) Hieher gehört z. B. Thomas Mun, das von A. Smith hervorgehobene Prototyp eines Merkantilisten. S. Roscher. Englische Volkswirthschaftslehre, S. 45. Auch Becher predigte zuletzt allgemeine Gütergemeinschaft. freilich aber erst, als das Scheitern der schönsten Entwürfe, mit denen er sich Jahre lang getragen. ihn mit Hass gegen die bestehende, gesellschaftliche Ordnung erfüllt und verwegenen Ideen zugänglich gemacht hatte. S. Roscher, Oesterr. Nat.-Oekonomik, S. 58.

46) Ich erinnere an die von Bodin (a. a. O. p. 1022) an den Tag gelegte Sorgfalt für die Beschäftigung der inländischen Manufacturisten, deren schlechten Verdienst in Frankreich Machiavelli auf Geldmangel zurückführt. (S. Knies, Machiavelli als volkswirthsch. Schriftsteller im VIII. Bande der Tübinger Zeitschrift, S. 270). Und so wie Melon (a. a. O.) den einzelnen Arbeiter der Sorge. „de quoi vivre", überhoben wissen will, so sagt auch Klock: „Aerarium qui stabilire et onera plebis sublevare cupit, inprimis operam praestare debet, ut subditi habeant, unde honeste vivant et ordinaria tributa et reditus solvant, quod fit, si nemo sit otiosus". (a. a. O. Cap. 102, p. 903). Vgl. dessen Ansichten über Gewerbepolitik (ebenda p. 560 und 599).

47) Siehe die unmittelbar vorhergehende Anmerkung und die Schriften von Antauber (Unvorgreifliches Bedenken wegen des h. röm. Reichs Wohlstand, 1660), P. Müller (Bedenken von Manufacturen in Deutschland, Jena 1683). Conrad Mels (Der Gott und Menschen wohlgefällige, christliche Kaufmann, o. O. und gedruckt „im Jahr, da Angst und Noth am grössten war"), — welche fast ausschliesslich diesen Gegenstand behandeln; ferner Becher's Diskurs, S. 865, 884, 901—909, 1806, 1822 und 1846 (der Zinck'schen Ausgabe), Seckendorf's „Fürstenstaat" (S. 28 ff., 51, 58, 73, 79, 81, 86, 89—91, 98, 107—123, 158 (der Ausg. von 1750), Schröder's „Schatz- und Rentkammer", S. 295, endlich die Auszüge aus Thom. Mun, Child, Davenant und Hobbes bei Roscher, Englische Volkswirthschaftslehre. Damit steht freilich die im Nachtrage zu dieser verdienstvollen Publikation Roscher's S. 137 mit Bezug auf einen anonymen englischen Schriftsteller ausgesprochene Ansicht: die meisten Merkantilisten hätten sich um das persönliche Glück der beschäftigten Menschen nicht gekümmert, — einigermassen im Widerspruche.

48) Roscher. Englische Volkswirthschaftslehre, S. 49.

49) Held, a. a. O. S. 196, Anm. 1.

50) Ein von Knies in seiner Abhandlung „Ueber die Geldentwerthung" (Tübinger Zeitschr. f. d. ges. Staats-Wissensch., XIV. Bd., S. 465) angewendeter Ausdruck. K. bemerkt nämlich mit Bezug auf die Thatsache, dass die Münzstätten Frankreichs, Englands und der vereinigten nordamerikanischen Staaten in den Jahren 1848—1856 zusammen 6060 Millionen Francs in Gold und Silber in Umlauf brachten,: „Jene 6 Milliarden, innerhalb 6—8 Jahren, namentlich seit 1853, in den

Verkehr der alten Kulturwelt geworfen, traten in Gestalt der Nachfrage nnd der Rimessen für Baumwollstoffe, Tücher, Werkzeuge, Ma-
schienen, Kolonialwaaren u. s. w. auf, steigerten die Erträgnisse der
Transportanstalten, erhöhten die Frachtlöhne, vermehrten den Tonnen-
gehalt der Marinen, reizten den industriellen Unternehmungsgeist der
alten Länder nach allen Seiten, indem sie als eine überallhin zerfliessende Kauflust auftraten. Mit den Gewinnen der alten Welt
steigerte sich umgekehrt deren Nachfrage nach den Erzeugnissen der
Kolonialländer, nach der Baumwolle der vereinigten Staaten, dem In-
digo und dem Reis Ostindiens, nach der Seide und dem Thee China's".
L. Stein aber bemerkt in seinen Briefen über den „Kredit und die
Organisation desselben" (im 1. Hefte der deutschen Vierteljahrsschrift
von 1857, S. 21): „Eine dauernde Geldnoth ist eine dauernde Zah-
lungsstockung. Sie ist mit dem Aufschwung des Güterlebens geradezu
unvereinbar. . . . Seit 50 Jahren hat die Vermehrung der edlen Metalle nicht wesentlich und ungewöhnlich zugenommen: die Masse der
Güter ist aber in einem unglaublichen, ja unberechenbaren Masse ge-
stiegen Was wäre demnach die Folge gewesen, wenn man kein
Mittel gefunden hätte, um trotz der verhältnissmässig geringen Vermehrung der edlen Metalle die Masse des Geldes in demselben Grade
wie die der Güter wachsen zu lassen? . . . Die Werth- und Preis-
ordnung aller Dinge hätte sich wesentlich ändern müssen, alle Güter,
aller Arbeitslohn, alle Preise wären billiger geworden, wenn man den
gewöhnlichen Ausdruck brauchen will, d. h. man hätte sie für weniger
Geld haben können; nur das Geld selbst wäre theurer gewesen. Allein
das ist nicht hier das Wesentliche. Die entscheidende Conse-
quenz besteht vielmehr darin, dass wegen des Mangels an Geld der
Kredit für Viele ganz aufgehört hätte, für Alle aber so theuer geworden
wäre, dass man den Werth der Güter neben den Gütern selbst gar
nicht hätte benutzen können, das ist, dass ein Drittheil aller
Geschäfte in der Welt gar nicht hätte gemacht werden
können. Ich glaube Ihnen das nicht deutlicher zu machen, als an
dem Beispiel, das der Bau der grossen Städte darbietet. Sie gehen
durch eine Strasse und sehen ein neues Haus entstehen. Hat der
Erbauer so viel Geld gehabt, um das Haus zu bauen? Sie erkundigen
sich genauer und erfahren, dass der Mann Geld geliehen hat, oft noch
ehe das Haus fertig ist, und zwar gegen den üblichen Zinsfuss; der
Erbauer selbst hatte nur so viel, als die Posten der dritten und vierten

Hypothek betragen. Derjenige, der es ihm leiht, muss also Geld übrig haben; er muss nicht bloss über ein gewisses Vermögen sondern über baares Geld verfügen können. Das setzt voraus, das keine Geldnoth ist. Ist aber Geldnoth, so kann der Unternehmer nicht bauen, wenn er auch sonst ein reicher Mann ist. Baut er nicht, so bleibt das Grundstück unbebaut und mithin ohne seinen Werth. die Arbeiter können nicht bezahlt werden. und die Zahl der Bevölkerung und mithin der gewinnenden Unternehmer wächst nicht. Das Wachsen aller dieser Elemente hat daher zu seiner Voraussetzung, dass man Kredit geben kann; das hat wieder zur Bedingung, dass ausser dem Vermögen Geld da ist. Die Masse des Geldes, in rein quantitativem Sinne, ist daher ein höchst bedeutsamer Faktor für jede Unternehmung. "

51) S. Carey, Lehrbuch der Volkswirthschaft und Socialwissenschaft. Cap. XXIV, § 5 und das XXX. Cap. Eine ziemlich unverholene Reproduktion dieser Carey'schen Ansichten findet sich in dem Aufsatze des österr. Finanzrathes F. Guth. Ueber die Handelsbilanz, in Hildebrand's Jahrbüchern XI. Bd. (1868), S. 70 ff. Blosse Beschleunigung des Geldumlaufs ohne Vermehrung der Geldstücke genügt nicht. weil viel Geld gleichzeitig an verschiedenen Orten nöthig und der raschere Geldumlauf an sich schon durch eine Vermehrung der Geldstücke bedingt ist. Anders verhält es sich mit dem Kredite, welcher freilich, insoferne er Zahlungen aufzuschieben und dann mitunter selbst zu compensiren gestattet, viel Geld entbehrlich machen kann· Die älteren Schriftsteller brachten diese Wirkung des Kredits eben so wenig in Anschlag, als sie die mit seiner Hilfe in Umlauf gesetzten Geldzeichen ihrer vollen Bedeutung nach würdigten. Desshalb reden sie auch insgemein nur vom baaren Gelde, während die modernen Merkantilisten ihr Augenmerk auch auf das Papiergeld richten und hierunter nicht blos papierne Anweisungen auf baares Geld. sondern auch selbständige papierne Unterpfänder (Werthträger) verstehen. Am frühesten hat sich eine richtige Würdigung des Papiergeldes in Nord-Amerika Bahn gebrochen, wo man sich schon zu Ende des 17. Jahrhunderts mit solchem Gelde im gemeinen Verkehre zu behelfen anfing und Benjamin Franklin 70 Jahre später schon ohne Scheu lehrte: Papiergeld stehe als Tauschwerkzeug dem Metallgelde an Brauchbarkeit und innerer Bedeutung nicht im mindesten nach; denn auch des Letzteren Werth beruhe nicht sowohl auf seiner unmittelbaren Verwendbarkeit

zur Bedürfnissbefriedigung, (die in den meisten concreten Fällen, wo
es gleichwohl an Zahlungsstatt angenommen wird, eine sehr geringe ist),
als vielmehr auf der Verwechselbarkeit d. h. auf dem Vertrauen, dass
andere Güter dafür zu erhalten sind. S. Richard Hildebrand,
B. Franklin als National-Oekonom, in seines Vaters Jahrbüchern, I. Bd.
S. 582, 670. Doch fasst auch schon die ältere canonistische Lehre
das Ausstellen eines Wechsels als Prägung eines idealen Geldes auf
(Endemann, a. a. O. S. 547) und Law's bezügliche Ansichten
sind bekannt. Vgl. L. Stein, Lehrbuch der Volkswirthschaft. Wien
1858, S. 61 und 214 ff.

52) v. Mangoldt drückt dies bündig und doch die Sache er-
schöpfend (in seinem „Grundriss der Volkswirthschaftslehre", Stuttgart
1863, § 41) mit den Worten aus: „Wie die Entwickelung der Produktion auf die Beseitigung der Hindernisse des Umlaufs der Güter
hindrängt, so wirkt auch die Steigerung der Umlaufsfähigkeit der letzteren wiederum auf jene zurück. Je mehr sich die Aussicht auf einen
regelmässigen und ausgedehnten Absatz einer Güterart eröffnet, desto
mehr vervollkommnet sich auch in der Regel die Production derselben.
Der Unternehmungsgeist sieht sich ein Feld eröffnet, dessen er sich
mit Eifer bemächtiget: er führt demselben Capital zu und verwirklicht
mit dessen Hilfe nach Möglichkeit sowohl eine ausgedehnte Benutzung
der Naturkräfte, als eine zweckmässige Gliederung
der Arbeit." Stockungen des Güterumlaufs haben eben häufig in
„der ungenügenden Tauschbefähigung Derjenigen, welche die Güter
allerdings wohl brauchen könnten" (§ 40) ihren Grund; die „ungenügende Tauschbefähigung" aber rührt zumeist vom Geldmangel her.
Das hat schon Locke richtig erkannt, indem er die Ausdehnung des
landwirthschaftlichen Betriebes über die Deckung des unmittelbaren
Eigenbedarfes der Dazwischenkunft des Geldes zuschrieb und lehrte:
jedes Land benöthige so viel Geld, als zur Aufrechterhaltung des Credits der Grundbesitzer, der Arbeiter und der Kaufleute erforderlich ist.
(Roscher, Engl. Volkswirthschaftslehre, S. 97, 99). Selbst A. Smith
bemerkt im 4. Buche seiner „Untersuchungen", indem er von den
Wirkungen der amerikanischen Silberzufuhr auf den europäischen Güter-
verkehr spricht: „Die hervorbringende Kraft der Arbeit wurde erhöht." S. auch Held, (a. a. O. S. 208—210), dessen bezügliche
Aussprüche um so mehr wiegen, je weniger geneigt er ist, den Merkantilismus als damit übereinstimmend anzuerkennen.

53) R o s c h e r, Ueber die volkswirthschaftlichen Ansichten Fried-
richs des Grossen, in den Berichten der philolog.-histor. Klasse der
kgl. sächs. Gesellsch. d. Wissensch. von 1866, S. 35 des Separatabdrucks.

54) Lezione (1588) bei Custodi, l. c. T. II. p. 40.

55) R o s c h e r, Engl. Volkswirthschaftslehre, S. 45.

56) C o n t z e n Dr. G., Thomas von Aquino als volkswirthsch.
Schriftsteller, Leipzig 1861. Vgl. D e s s e l b e n: Gesch. d. volkswirthsch. Literatur im Mittelalter, Leipzig 1869, S. 31 ff.

57) R o s c h e r's Anzeige der Schrift des Oresmius: De mutatione mone-
tarum, in der Tübinger Zeitschr. f. St.-W., XIX. Bd. (1863) S. 305 ff. und in
den Comptes rendus der Acad. de Sc. morales et politiques, Vol. 62, p. 436 ff.

58) S c h m o l l e r a. a. O. S. 600 ff.; C o n t z e n, Gesch. d.
volkswirthsch. Literatur im M. A., S. 85 ff. (R o s c h e r's Abhandlung
über die Blüthe der deutschen Nat.-Oekonomik im Zeitalter der Reformation, in den Berichten d. philol.-hist. Klasse d. kgl. sächs. Gesellsch. d. Wissensch. von 1861, worauf Contzen sich bezieht, ist mir
leider nur dem Titel nach bekannt).

59) S c h m o l l e r, a. a. O. S. 598 ff.

60) Ueber merkantilistische Anwandlungen bei den Griechen
s. R o s c h e r, Grundlagen, 8. Auflage, S. 228 und M a x W i r t h,
Grundzüge, 1. Auflage, S. 78, 79. Als Beleg für solche bei den
Römern wird insgemein eine Stelle aus Cicero's Rede pro L. Flacco
(Cap. 28) citirt: „Exportari aurum non oportere, cum saepe antea
Senatus, tum me Consule gravissime judicavit". Bezüglich des Mittel-
alters bemerkt R o s c h e r in seinem Berichte über den Geldtraktat von
N. Oresme (im XIX. Bande der Tüb. Ztschr., S. 315): „Wenn in
gewissem Sinne die Wahrheit regelmässig älter ist, als der Irrthum,
so lässt sich das besonders klar in Bezug auf die Lehre von der Natur
des Reichthums und dem Verhältnisse des Geldes zu ihm durchführen.
Die erste Generation, die eine vorzugsweise currente Waare als Geld
benutzen lernte, wird sich gewiss sehr klar bewusst geblieben sein,
dass Geld eine Waare ist, mit allerlei Eigenschaften, die besonders
circulationsfähig machen. Mystische Träumereien über das Geld als
„Reichthumsessenz" etc. waren zunächst wohl kaum möglich. Aber
auch in der Wissenschaft ist die Ueberschätzung des Geldes, Umlaufes
etc. von Seiten des s. g. Merkantilsystems bei den meisten Völkern
auf die richtige Ansicht erst gefolgt". Wie weit indessen die merkantilistische Praxis zurückreicht, habe ich schon in m e i n e r Erstlings-

schrift: „Die technische Bildung in Oesterreich" (Wien. 1854). S. 7
nachgewiesen. Vgl. B e e r , Allgem. Gesch. des Welthandels. 2. Abth.
(Wien 1862), S. 43. R o m a n i n erwähnt in seiner Storia documentata
di Venezia, II. Bd. S. 376 ein venetianisches Gesetz vom J. 1271,
wornach diejenigen Kaufleute, welche binnen 4 Monaten den Werth
ihrer Einfuhr wieder in venetianischen Erzeugnissen ausführten, von
dem, Quadragesima genannten Einfuhrzolle befreit waren. (mit Ausnahme der Theotonici et Furlani). Merkwürdig ist die von Romanin
(ebenda. IX. Bd. S. 79 ff.) auszugsweise mitgetheilte Rede, welche
der venetianische Inquisitore alle arti, Andrea Tron. am 29. M a i 1784
im Dogenpalaste über den volkswirthschaftlichen Verfall der Republik
hielt. Darin heisst es unter Anderem: „La preservazione del dinaro
negli Stati è una delle principali cure di ogni nazione. . . . Tutti
conoscono questa verità che l' oro e l' argento coniato è la sola spezie
commutabile con qualcunque cosa del mondo; sicchè l' abbondanza o la
scarsezza della medesima forma il grado della richezza o della povertà
di una nazione". Tron's Anrede fand bei seinen Mitbürgern grossen
Beifall. (ebenda, IX. 115).

61) Für O e s t e r r e i c h sind derlei Verbote durch ein Hofkam-
merdekret vom 5. Jänner 1808 und durch ein zweites vom 14. April
1823 zur Regel erhoben, die noch gegenwärtig gilt. Ausnahmen davon treten in Ansehung derjenigen fremden Staaten ein, mit welchen
P e n s i o n s - F r e i z ü g i g k e i t s - V e r t r ä g e g e s c h l o s s e n s i n d ,
wie deren einer z. B. im Jahre 1852 mit dem Königreiche Sachsen
vereinbart wurde. (S t u b e n r a u c h , Handbuch der österr. Verwaltungs-
gesetzkunde, 3. Aufl., Wien 1859, S. 268).

62) Das Kriegsjahr 1866 lieferte Proben hievon, welche nicht
zu den misslungenen zählen. Unmittelbar vorher erwiesen sich derlei
Trostgründe in Nordamerika als stichhältig. Thatsache ist, dass ver-
schiedene Regierungen das Wagniss einer namhaften Notenemission
in Kriegszeiten glücklich bestanden und dabei von merkantilistischen
Voraussetzungen ausgiengen.

63) In Oesterreich petitioniren noch immer viele Gemeinden
Jahr ein Jahr aus um die Zuweisung von Militär-Garnisonen und bauen
wohl auch zu deren Unterbringung auf eigene Kosten Kasernen oder
beanspruchen zu diesem Ende geringere als die gesetzlichen Quartier-
gelder oder begünstigen das Offizierskorps über die betreffende Gebühr
hinaus, indem sie Zuschüsse zu den normalmässigen Miethzinsen, die das

Militärärar zahlt, leisten, beziehungweise auf höhere Vergütungen verzichten. Dass dabei auch andere, als rein merkantilistische Motive im Spiele sind, soll nicht geläugnet werden. Aber den Ausschlag gibt da zumeist das Streben, „Geld unter die Leute zu bringen".

64) Vorrede zum „Nationalen System", S. XXXVIII der selbständigen Ausgabe.

65) Siehe die unter dem Titel „Quomodo sine Aerarii foenore mellificandum?" 1686 ohne Angabe des Druckortes erschienene Broschüre. (wovon auf der Innsbrucker Universitäts-Bibliothek ein unter dem Namen des Grafen Franz Adam v. Brandis katalogisirtes Exemplar sich befindet), S. 236.

66) Kautz (a. a. O. S. 659—668) widmet den Ideen Adam Müller's eine eingehende Betrachtung, an die er werthvolle Daten über deren Aufnahme und Nachwirkung knüpft. Neuestens hat sie Roscher im XXVI. Bande der Tüb. Zeitschrift, (Jubelband). S. 77—92 kritisirt.

67) Kautz, a. a. O. S. 597 ff.

68) Betrachtungen über das Andringen auf erhöhten Schutz der Gewerbsamkeit (Berlin 1846). Hoffmann's daselbst ausgesprochenes Urtheil über das Merkantil-System lautet: „Zur Entwicklung einer über die Grenzen des eigenen Staates hinaus Achtung gebietenden Macht, wie wailand Ludwig XIV. sie zu schaffen versuchte, bedarf es vor Allem baaren Metallgeldes, welches, versendbarer als Heere und Flotten, in weiter Ferne Verbindungen erkauft, Erwünschtes fördern und Missfälliges vereiteln kann. Einen solchen Ueberfluss an baarem Gelde durch die Gewerbsamkeit der Völker zu gewinnen, um die Regierung damit auszustatten, war eine der wichtigsten Aufgaben für die Staatswirthe jener Zeit. Zunächst sollte desshalb möglichst viel und möglichst Kostbares ausgeführt, möglichst wenig und vorzüglich nur Solches eingeführt werden, worauf noch Arbeitslohn zu gewinnen war, wenn es in veredelter Gestalt dem Auslande wieder verkauft werden konnte. So weit der Werth der Ausfuhr den Werth der Einfuhr überstieg, blieb nur allein noch Ausgleichen durch Zahlungen übrig, die — sofern ein solches Uebergewicht wirklich vorhanden war — nothwendig baares Geld von Aussen zuführten. Diess ist der Kern des berufenen Merkantil-Systems. Die Staatsverwaltungen wussten recht wohl, dass Metallgeld kein geniessbares Gut, sondern nur ein Mittel ist, Sachen und Dienste zu kaufen; aber der Umtausch von Gütern und Diensten erwirbt Beides nur in der Nähe, während

die Zahlung durch baares Geld es auch in der Ferne kauft. Auch übt es einen wohlthätigen Einfluss auf den Geist einer Nation und auf den Erfolg ihrer Unternehmungen, wenn die Staatsgewalt weit über Grenzen ihres Machtgebietes hinaus ihren Untergebenen noch wirksamen Schutz zu gewähren vermag. In beiden Beziehungen erscheint das Bestreben der Staatsgewalt, der Nation einen reichlichen Vorrath an baarem Gelde zu schaffen, wahrhaft wohlthätig; nur die Mittel, wodurch das Merkantil-System diesen Zweck erreichen will, unterliegen erheblichen Bedenken“. — Im Einklange hiemit hatte J. G. Hoffmann schon in seiner „Lehre vom Gelde“ (Berlin, 1838) S. 176 die Ansicht ausgesprochen: „Das verrufene Merkantil-System verdient nicht desshalb Tadel, weil es auf den Erwerb edlen Metalles einen vorzüglichen Werth legt, sondern nur insofern, als es diesen Erwerb durch Anordnungen herbeizuführen trachtet, die gerade das Gegentheil bewirken.“

69) Lehrbuch der ökonom. Politik, Stuttgart 1848, S. 88 ff. Rotteck bemerkt, indem er die Frage erörtert: „ob das M.-S. unbedingt zu verwerfen sei?“: „Der Reichthum besteht auch wirklich nicht in den unmittelbaren Befriedigungsmitteln einzelner bestimmter Bedürfnisse, sondern vielmehr in dem Besitze der Befriedigungsmittel für alle. Seit dem Entstehen des die ganze Welt umfassenden Verkehrs sind die edlen Metalle solches allgemeines Befriedigungsmittel, und daher (ausserordentliche Lagen, worin das dringende Bedürfniss bestimmter Sachen vorherrscht, ausgenommen) wirklich der vorzüglichste Reichthum. Auch kann das vernünftige Streben nach diesem Reichthum nicht anders als förderlich sein für die auf Gewinnung reeler Werthe gerichtete Thätigkeit; denn um Geld zu erhalten, muss man des Geldes werthe Sachen haben, oder des Geldes werthe Dienste anbieten“.

70) „Zu leugnen ist . . . nicht, dass die meisten neueren National-Oekonomen die Eigenthümlichkeiten, welche das Geld von anderen Waaren unterscheiden, nicht genug im Auge behalten haben; wie dies namentlich in der seit Hume und Adam Smith vorherrschenden Lehre von der Handelsbilanz klar wird. Insoferne ist die halbmerkantilistische Reaction von Ganilh Théorie de l'économie politique (1822) II. p. 380 ff. 426, St. Chamans N. essai sur la richesse des nations (1824) Ch. 3, Colton Public economy for the U. States (1849) p. 203 ff., welcher sehr scharf den Unterschied von money as the

subject und money as the instrument of trade hervorhebt, nicht ganz unbegründet". (Grundlagen, 8. Aufl. S. 230). „In einem isolirten Lande möchte zuletzt jede Gold- und Silbermenge, sobald man sich daran gewöhnt, zur Bestreitung der Circulation hinreichen. Im Weltverkehre jedoch muss die grössere Menge und Wohlfeilheit der edlen Metalle d. h. also der currentesten, wirthschaftlich energischesten Waare, einem Lande wirklichen Vortheil bringen: auch abgesehen davon, dass sie unter Umständen das Symptom einer vorzüglich hoch kultivirten Volkswirthschaft bildet. Wenn die Staaten A und B in jedem andern Punkte gleich wären, A hätte aber doppelt so hohe Preise etc., so würde A mit derselben Anstrengung doppelte Steuern etc. erheben können. Im Fall eines Krieges zwischen ihnen könnte A natürlich ein in B eingerücktes Heer, das seine Bedürfnisse baar bezahlen soll, mit $\frac{1}{4}$ so grossen Opfern erhalten, wie B. ein ebenso starkes in A. eingerücktes Heer" (ebenda S. 257). „Manche Lehren des s. g. Merkantilsystems . . . haben diese Wahrheit nur schief ausgedrückt und übertrieben, sind aber durchaus nicht so ganz irrig, wie die Anhänger von Hume und Smith glauben" (ebenda S. 258). „Mancher Neuere, der auf solche „merkantilistische Irrthümer" (dass der Handel, welcher edles Metall einführt, besonders vortheilhaft etc.) vornehm herunterblickt, sollte nicht vergessen, dass sich der auswärtige Handel regelmässig viel eher entwickelt, als der inländische. Die älteren Merkantilisten haben desshalb mit ihrer Höherschätzung des auswärtigen Handels eine für ihre Zeit völlig begründete Thatsache ausgesprochen, freilich nur mit ungenügender Erklärung" (Engl. Volkswirthsch.-L. S. 81 Note 5).

71) S. dessen oben S. 22—24 citirte Aussprüche, welche um so schwerer wiegen, je weniger Schäffle dem Merkantilsysteme als solchem geneigt ist.

72) System der Staatswissenschaft, I. Bd. S. 480 (wo das Merkantil-System seinem Ursprunge nach auf geistreiche Weise gewürdiget und „der Ausdruck des Missverhältnisses der inneren Produktion zum inneren Markte" genannt wird). Bei dem engen Zusammenhange des Merkantilsystems mit dem Prohibitivsysteme muss auch die zunächst letzterem geltende Bemerkung Stein's: „es erweckt unter allen am ersten und am meisten das Bewusstsein der Einheit des Güterlebens innerhalb der bestimmten Völker und gibt mit seinen Irrthümern eben so sehr als mit seinen Wahrheiten den Anstoss zu höherem Verständniss desselben" (ebenda S. 498) hieher bezogen werden.

4*

In seinem „Lehrbuche der Volkswirthschaft" anerkennt Stein S. 53: dass das Merkantil-System am Gelde das Moment erkannte, vermöge dessen es Träger des Werthes ist, und S. 61 lässt er die Idee des Papiergeldes aus ihm hervorgehen. Im VII. Theile seiner „Verwaltungslehre" (Stuttgart 1868) nennt er S. 29 das Merkantil - System „dasjenige System, welches die Bedeutung der Volkswirthschaft für das Gesammtleben zuerst zum öffentlichen Bewusstsein gebracht hat", und fährt dann fort: „Es hat dadurch die wirthschaftlichen Lebensverhältnisse des Volkes zuerst in das Gebiet der Verwaltung hineingezogen und ist die erste grosse Erscheinung der europäischen Volkswirthschaftspflege. Dabei ist es einseitig in seiner Zeit wie in seinem Grundgedanken; aber dieser Grundgedanke ist unbewusst ein Ausdruck der entstehenden, staatsbürgerlichen Gesellschaft; denn es ist der erste grosse Vertreter des Gedankens, dass die (das Geld verdienende) gewerbliche Arbeit des Volkes die Staaten reich mache". Wie richtig dieses Urtheil ist, erhellt aus dem oben S. 18—22 Gesagten.

73) Staatswirthschaftliche Untersuchungen (zweite, von Helferich und Mayr nach dem Tode des Verfassers besorgte Aufl.), München 1870, S. 23—27, 617—627.

74) Die politische Oekonomie vom geschichtlichen Standpunkte, Braunschweig 1853. Knies schildert da S. 172 ff. nach Machiavelli die Lage der Feudalstaaten in Europa, vornehmlich die Frankreichs im 16. Jahrhunderte und erkennt sohin an: dass „für den nächsten Zweck, den man auf der vorhandenen Grundlage der Verhältnisse erreichen wollte, die Massregeln des Merkantilsystems durchaus nicht absurd waren, vielmehr ihre relative Berechtigung und Wahrheit hatten". Er bemerkt ferner: es unterliege keinem Zweifel, dass gerade in Frankreich die im Einzelnen vielfach von einander abweichenden Schriftsteller des Merkantil-Systems zu Gunsten der Arbeit und insbesondere der gewerktreibenden Arbeit gegen die Feudaleinrichtungen und feudalen Lebensverhältnisse Sturm liefen, wie ja namentlich der Marschall Vauban in seiner Schrift: „Dîme royale" für das gemeine Volk (pour le menu peuple) im J. 1707 grosse Theilname an den Tag legte. S. 174 äussert K. die Ansicht: dass „die Beurtheilung des Merkantilsystems überhaupt durch manche Anachronismen der späteren Entwicklung der National-Oekonomie auf eine unrechte Bahn hingedrängt erscheint". In seiner Abhand-

lung „Ueber die Geldentwerthung" a. a. O. bezeichnet Knies
(S. 265) es als eine „Thatsache", dass viele „Männer auch nach
ernsterem Studium und obschon sie den „Gegensätzen der Alchymisten
und der philosophischen Geldverrächter" nicht verfallen, über die
Natur des Geldes nicht ganz zur Ruhe kommen können,
wie in dem Gefühl, als ob doch in den Sätzen der Gegner
irgend etwas anerkannt werden müsse". Dass er selber
zu diesen Männern gehöre, verräth er ebenda S. 367, indem er „den
mächtigen Zauber von 6 Milliarden plötzlicher Nachfrage" schildert.

75) Ueber den Einfluss des Credits auf den Tauschwerth der
edlen Metalle, in der Tüb.Zeitschr. für d. g.Staatswissensch.
XXI. Bd. (1865) S. 128 ff. Nasse meint da: „so sehr auch die
Funktion des Metallgeldes durch die Entwickelung des Credits in den
Hintergrund gedrängt werden mag, so hört sie doch keineswegs ganz
auf. Nicht nur hat jede Störung des öffentlichen Vertrauens, jede
Rechtsunsicherheit, z. B. in Kriegs- und Revolutions-Zeiten eine stark
vermehrte Nachfrage nach edlen Metallen zum Zweck der Werthaufbewahrung zur Folge; auch ohne eine solche Veranlassung müssen
Gold- und Silbervorräthe aufbewahrt werden, sei es um auf den Fall
einer ungünstigen Handelsbilanz gerüstet zu sein, sei es, dass zeit-
weilig eine stockende Nachfrage nach Capital zu produktiver Verwendung solche Vorräthe erzeugt. Man wird diese Funktion des Metallgeldes niemals ganz unbeachtet lassen dürfen und die National-Oekonomie unserer Zeit ist denn auch nach grossen Verirrungen
rechts und links wieder zu einer sorgfältigeren Würdigung der Bedeutung der Geldvorräthe (hoards) für
den Verkehr gekommen. Das Merkantil-System hatte fast ausschliesslich die Bedeutung des Geldes für Werthaufbewahrung ins Auge
gefasst. Die ersten Begründer der neuen National-Oekonomie, und
unter ihnen besonders Ricardo, haben dagegen, durch den Kampf gegen
merkantilistische Vorstellungen veranlasst, oft viel zu einseitig
im Gelde nur das Tauschmittel gesehen".

76) Lehrbuch der Volkswirthschaft und Socialwissenschaft, deutsch
von C. Adler, München 1866. Cap. XXIV—XXVI, XXX, XXXII
§ 4, XXXVII § 2. Eine gute Uebersicht über den Inhalt der einschlägigen Stellen gibt Held a. a. O. §§ 56—64; auch die von diesem Schriftsteller daran geknüpften Bemerkungen verdienen besondere
Beachtung. Held ist nämlich ein prinzipieller Gegner Carey's, findet

aber gleichwohl manche Lehrsätze desselben in dem Masse begründet, dass er ihnen gegenüber zum Gegner seiner selbst wird, indem er da (S. 209—212) Aussprüche widerruft, die er kurz zuvor über ältere Merkantilisten gethan hat, Insoferne hat Carey an Held einen Kritiker gefunden, wie er sich ihn kaum besser wünschen konnte. Von anderen deutschen Schriftstellern, welche auf Carey's Ideen vielfach eingegangen sind, ist namentlich Schäffle zu nennen, An Dühring und Max Wirth besitzt derselbe, wie Held (wohl zu scharf) sich ausdrückt, „unbedingte Anbeter". Seine schutzzöllnerischen Auslassungen erwarben ihm besonders in Agriculturländern auch diesseits des Oceans warme Freunde. So lässt der Pester Grosshändler Rudolf Fuchs Carey's Ansichten durch Broschüren verbreiten, die er auf eigene Kosten herausgibt, und unter den Polen haben sich Dolmetscher dafür gefunden, welche keine geringere Vorliebe an den Tag legen. In erster Linie thut da der galizische Gutsbesitzer Soldraczynsky sich hervor. S. Magazin für Literatur des Auslandes, Jahrgang 1869, Nr. 46.

77) Die sociale und politische Bedeutung des s. g. Merkantil-Systems, in den (von ihm herausgegebenen) Jahrbüchern für Gesellschafts- und Staatswissenschaften, XI. Bd. (1869), S. 300 ff. Nachdem der Verf. seinen Gegenstand ausführlich erörtert und darauf angespielt hat, dass das Merkantil-System selbst für die Bestrebungen, zwischen den europäischen Staaten das politische Gleichgewicht herzustellen, massgebend gewesen, bricht er S. 320 in die Worte aus: „Und dieses System glaubte die National-Oekonomie der Schule gewürdiget zu haben mit dem Satze, Geld sei nur eine Waare!"

78) Natural-, Geld- und Kreditwirthschaft, in seinen Jahrbüchern für National-Oekonomie und Statistik, II. Bd. (1864) S. 1 ff. Da der ganze Aufsatz reich an Beziehungen zum Merkantil-Systeme ist, können blosse Auszüge hier die Verweisung auf ihn selber nicht ersetzen.

79) S. den Art. „Das Gold" in der Brockhaus'schen Enzyklopädie „Die Gegenwart", XII. Bd. (1856).

80) Das Citat bezieht sich auf die von Dr. C. W. Asher besorgte 1862 zu Leipzig bei R. Kuntze erschienene deutsche Uebersetzung.

81) Vgl. Otto Michaelis, die dauernde Frucht der Konjunktur,

in der von ihm und Jul. Faucher herausgegeb. „Vierteljahrsschrift für Volkswirthschaft und Kulturgeschichte, XIV. Bd. S. 121 ff.

82) In seiner Schrift: „Von den periodischen Schwankungen im Werth der edlen Metalle von der Entdeckung Amerika's bis zum J. 1830", Nürnberg 1843.

83) XIV. Bd. (1858), S. 471 ff. Der betreffende Aufsatz ist betitelt: „Würtembergische Getreide- und Weinpreise von 1456—1628" und gelangt zu folgendem (S. 502 ausgesprochenen) Resultate: „Die im 16. Jahrhunderte eingetretene Entwerthung der Edelmetalle ist ge - ringer, als man sie gewöhnlich annimmt; sie beträgt wenig über 150%. Davon kommt etwas mehr als 2 Drittel auf die Periode von 1560—1600 und das Uebrige auf die Periode von 1510—1560.

84) Deutsche Vierteljahrs-Schrift, 1853, IV. Heft, S. 42.

85) Die Geld- und Credit-Theorie der Peel'schen Bankakte, Wien 1862, S. 49 ff.

86) S. die bezüglichen Aussprüche Roscher's in obiger An- merkung 70 und die Zusammenstellung ähnlicher Urtheile aus neuerer Zeit bei Held a. a. O. S. 179, Anm. 2. Der Wunsch der Merkan- tilisten: die Handelsbilanz des einzelnen Landes möge eine (in ihrem Sinne) aktive sein, erklärt sich schon aus der in neuerer Zeit klar erkannten Strömung der edlen Metalle aus dem Westen gegen Osten, welche jedes Land zu beschädigen droht, das nicht für fortwährenden Ersatz des Baargeld-Abflusses zu sorgen d. h. einen entsprechenden Theil jenes Stromes permanent durch sein Gebiet zu leiten weis. Dazu kommen andere Abgänge an baarem Gelde, welche stetigen neuen Zufluss be- dingen, wenn auch nur das alte Niveau erhalten bleiben soll. Ueber die Passivetät des indischen Handels s. O. Peschel's werthvolle Ab- handlung über die Schwankungen der Werthrelationen zwischen Me- tallen und Handelsgütern in der Deutschen V.-J.-Schr., 1853, IV. Heft S. 35 ff. (wo es heisst; „Die Vertheilung der Metallausbeute unter die Völker der Erde ist seit den ältesten historischen Zeiten nach eigenen Regeln vor sich gegangen. Die Cultur drang beständig nach Westen, Gold und Silber floss immer ostwärts, u. z. mussten die Metalle ihre Richtung gegen Osten nehmen, weil die Cultur von dort gekommen war."); ferner Soetbeer's Aufsatz über den Silber- abfluss nach Ostindien im V. Bande der von J. Faucher und O. Mi- chaelis herausgegebenen „Vierteljahrsschrift für Volkswirthschaft und Kulturgeschichte" und die mit Benutzung dieses Aufsatzes so wie an-

derer Arbeiten Soetbeer's verfasste Dissertation von L. H. A. Schulz „De metallis nobilibus ex Europa in Asiam defluentibus", Halle 1867. Das Thesauriren dauert im Oriente ungemindert fort. Einer brieflichen Mittheilung des persischen Genie-Generals Albert von Gasteiger dd. Teheran, Ende Oktober 1869 entnehme ich die verbürgte That-sache, dass der gegenwärtige Schah von Persien, Nasr-ed-Din Schah Kadjar, 36 Mill. Tomans (Dukaten) todt in seinen Schatzgewölben liegen hat, während der gesetzliche Zinsfuss des Landes 15 % beträgt. Ueber die Schwierigkeit, Geld im Auslande gegen „transportkosten-reiche" Rohstoffe einzutauschen, s. Knies, Geldentwerthung, a. a. O. S. 280. Dass Länder, die einmal baares Geld an sich gezogen, dieses nicht gerne mehr in der Richtung, aus der sie es empfingen, wieder verausgaben, hat schon der sächsische Kanzler von Osse eingesehen (s. oben die Anm. 27), obschon ihm die vornehmste Ursache — besagte Strömung nämlich, welcher keine Rückströmung entspricht — verborgen blieb.

87) Besonders scharf von Hörnickh mittelst des Satzes be-tont: „Besser ist es, für eine Waare 2 Thaler geben, die im Lande bleiben, als nur einen, der aber hinaus geht" (Oe-sterreich über Alles. Cap. 9). Doch tadelt schon der hl. Augustin die Maxime: „vili emere et caro vendere" (Coutzen, Gesch. d. volks-wirthsch. Lit. i. M., S. 20) und in der 1581 zu London gedruckten Examination of certayne ordinary compleints, für deren Verfasser William Stafford gilt, klingt auch der von Hörnickh ausgesprochene Gedanke an. S. Nasse's Auszug aus dieser Schrift in der Tüb. Zeitsch., XIX. Bd. S. 388. Im J. 1785 trug der Venetianer Tron nicht die mindeste Scheu, sich zu der gleichen Ansicht mit den Worten zu bekennen: „Se . . . il principe deve provedere del panno pei suoi soldati, egli opera con principii analoghi al pubblico bene se lo paga a lire otto al braccio fabbricato nello Stato, piuttosto che a lire sette veniente dall'Estero". (Romanin, IX. 112).

88) Anerkannt von Kautz, a. a. O. S. 301. Auch Held ist (S. 209) geneigt, die Scheu der Merkantilisten vor Geldverminderung daraus zu erklären, dass sie die „in kurzen Perioden wechselnden Zustände eines einzelnen Landes" dabei im Auge haben.

89) Wie wohlthätig bei Lösung der meisten volkswirthschaft-lichen Aufgaben die „freie, privatwirthschaftliche Tauschconcurrenz", wirkt, hat Schäffle in der 2. Aufl. seiner Nat.-Oekonomie (dem

hauptsächlich mit Rücksicht auf diese Auseinandersetzungen sogenannten „Gesellschaftlichen System der menschlichen Wirthschaft") nachdrücklichst hervorgehoben. Den Ausnahmen trägt hinwider K n i e s in seiner „Politischen Oekonomie" von einem Standpunkte aus Rechnung. welcher mit dem der Merkantilisten ziemlich übereinkommt: wogegen S c h ä f f l e für solche Fälle blos auf „die Kräfte der Gemeinwirthschaftlichkeit" reflektirt. wie sie sich in der Familie. in der Gemeinde. in den Vereinen. in den Kirchen. Schulmänner - und Gelehrten - Kreisen. endlich im Staate darbieten. K n i e s räumt (a. a. O. S. 165) neben dem Eigennutze und dem Gemeinsinne auch noch einem „dritten wirthschaftlichen Grundtriebe". nämlich dem „B i l l i g k e i t s - und R e c h t s s i n n e" die Bedeutung eines wesentlichen und nicht zu entbehrenden Faktors der Volkswirthschaft ein. Das Walten d i e s e s Grundtriebes verhütet nun in der That manches Unheil, indem es Schwächlinge, die der Tauschconcurrenz erliegen würden. vor Verzweiflung und die Kette wirthschaftlicher Wechselwirkungen vor dem Verluste einzelner Glieder bewahrt, welche, so unwichtig sie an sich sein mögen, doch als Translatoren, die den elektrischen Strom des Güterverkehres fortpflanzen, von wesentlicher Bedeutung sind. So fehlerhaft. beim Lichte der herrschenden Theorie besehen. der Cirkel ist, in welchem sich die Anhänger des „Leben und Lebenlassen" bewegen, indem ja darnach billiges Produziren eine nothwendige Voraussetzung guten Absatzes und dieses wieder vor Allem durch billiges Einkaufen bedingt ist: so spricht doch K n i e s eine unbestreitbare Wahrheit aus, indem er (a. a. O. S. 215) bemerkt, dass alle die Vortheile der arbeitstheiligen Production zwischen Nationen, wie zwischen Handwerkern. die (mit A. Smith zu reden) es erspriesslicher finden, von einander zu kaufen. als Dinge zu verfertigen, die nicht zu ihrem eigentlichen Geschäfte gehören. nur noch so lange und da in Erwägung kommen können. wo man beiderseits n i c h t n u r k a u f e n m u s s. s o n d e r n a u c h v e r k a u f e n k a n n, und dass das „zum billigsten Preise Kaufenkönnen" Dem. der nichts hat. v e r g e b l i c h winkt. Absolut gefährlich wäre nur g e - d a n k e n l o s e s B e h a r r e n in jenem Cirkel. wovor aber einigermassen schon der Umstand schützt, dass auch der Halbinvalide den Arm des Führers gerne verschmäht, sobald er sich mit dessen Hilfe gekräftiget genug fühlt, um ohne ihn einherschreiten zu können.

90) Die bejahende Antwort auf diese Frage ist in zahlreichen zerstreuten Aufsätzen und grösseren Geschichtswerken enthalten. so

z. B. bezüglich B a i e r n s in S c h l ö z e r s Briefwechsel IV. Th. S. 105,
VIII. Th. S. 47 ff., bezüglich W ü r t e m b e r g's in der Tüb. Zeitsch.
f. g. St. W., VI. Bd. S. 278. bezüglich der Mark B r a n d e n b u r g
in Zimmermann's Versuch einer histor. Entwicklung der märkisch.
Städte-Verfassung, III. Th. (Berlin 1840), S. 149 ff., bezüglich S a c h -
s e n s in Benseler's Gesch. Freibergs 1843—53, S. 1072 u. s. w. Allgemeiner gehaltene Schilderungen des Elends, welches in Deutschland
nach dem 30jährigen Kriege herrschte und das ganze 17. Jahrhndt.
über andauerte, s. bei L a n d a u , die materiellen Zustände der untern
Klassen in Deutschland sonst und jetzt, Erster Artikel im II. Bd. der
Arndt'schen „Germania", S. 330 ff. und bei I n a m a - S t e r n e g g, die
volkswirthschaftl. Folgen des 30jähr. Krieges für Deutschland, in R a u -
m e r's histor. Taschenbuche, 3. Folge, V. Jahrgang (1864) S. 1—105
(mit ausführlichen Literatur-Nachweisen). Sehr beachtenswerth ist gerade als Beleg für die bezüglichen Voraussetzungen der Merkantilisten
H ö r n i c k h's Darstellung österreichischer Zustände aus der Zeit um
1685 in seiner mehrcitirten Schrift, S. 57 ff. (der Ausgabe von 1750).

91) System der Staatswissenschaft, I. 530.

92) Nach Gebühr hervorgehoben von H e l d, a. a. O. S. 6,
20, 79.

93) Die einschlägigen Mängel der Smith'schen Schule und namentlich des dieser zu Grunde liegenden Hauptwerkes hat in neuerer
Zeit R o s c h e r im Zusammenhange mit der Dogmengeschichte überhaupt aufgedeckt. S. dessen „Grundlagen", 8. Aufl. S. 23, 245, 258,
464. Aber auch noch andere bedeutende Gegner sind dieser Schule
in neuerer Zeit erstanden, wie namentlich H e r m a n n R o e s l e r in
Rostock. Dass C a r e y auf die „metaphysische Untersuchungs-Methode"
Adam Smith's übel zu sprechen ist, versteht sich von selbst. Ueber
die älteren Angriffe auf Smith und seine Schule s. K a u t z, a. a. O.
S. 542—548, 584—606, 654—684. Man kann immerhin Smith's
epochemachendes Wirken, seine grossen Verdienste um die Systematik
der Volkswirthschaftslehre so wie um die Läuterung vieler Begriffe
derselben anerkennen und doch die Trugschlüsse bedauern, die er aus
unvollkommenen Wahrnehmungen zog und die von seinen Schülern
weiter gesponnen wurden.